U0010968

一本就懂
修訂新版
世界足球
傑拉德等◎合著
好讀出版

推薦序

足球能夠提升國際化

鶴本広記
台灣唯一的足球雜誌《足球王者》總編輯

足球讓我們與世界連繫在一起！第一次有這種感覺，是2002年世界足球盃決賽圈，日韓兩國一較高下的時候。身為日本人，我想很多日本人和我一樣，說起運動項目，不外乎想的就是棒球或是籃球（可能是受到當時非常受歡迎的漫畫《灌籃高手》影響吧！）那時候的我，開始透過足球感受到日本與世界的聯繫，應該是日本站上世足賽舞台的那一刻。日本在該屆世界盃，先與強隊比利時踢成平手、接著擊敗強敵俄羅斯的比賽，第一次嚐到勝利的滋味，最後一場小組賽，再以2：0打敗了突尼西亞，取得了小組賽的首名，取得了十六強的資格。

當時勝利的消息一傳來，日本舉國歡騰盛況空前，澀谷車站前寬闊的人行道上聚滿了身穿日本國家足球代表隊服的年輕人，他們興高采烈地與陌生人互相擊掌道賀（對於拘謹的日本人來說，與陌生人擊掌道賀真的很稀奇！）連路上的計程車也齊鳴喇叭慶祝日本足球史上的第一次勝利（在日本隨便按喇叭是非常失禮的行為，所以幾乎聽不到汽車的喇叭聲！）那令人難忘的一刻，讓足球運動在日本人心中萌芽，敲醒足球運動風氣的鐘響。

足球運動不僅是一種觀念的表徵，也可以從這項運動窺見一國的文化。組成國家代表隊除了能展現國民強健的體魄外，隊伍的組織能力、有系統的運作能力及運用策略的作戰能力等等，均能從足球賽中展現出各國的實力，而每個國家不同的「民族性」，也可以透過足球這樣的運動看出端倪，這也是為何世界各國的足球選手們都希望能參加「世足賽」以恭逢盛事。「世界盃足球賽」每四年舉辦一次，由各國「代表全國喜愛足球的國民」所組成的國家代表隊，藉由與各國的火拼，體會來自世界各國不同的文化與衝擊，是一場愈看愈令人投入玩味的世界盛會。

常常聽到「台灣是足球沙漠」這句話，以目前台灣的足球運動風氣來說真的是差強人意。我認為這是我們媒體的責任，媒體應以各種角度去闡揚足球運動的趣味，引發社會大眾對足球的關注與興趣，進而培育足球的明星選手、組成強勁球隊。

本書作者之一的「傑拉德」長年來總是努力不懈地牽引著台灣的足球向上提升，縱使多一人也好，希望足球沙漠的台灣能夠多瞭解「足球是多麼的好玩」，每每讓我深深佩服他永不放棄的熱血精神。

在這世界盃足球賽即將開賽的今年，希望台灣的各位能夠藉由此次盛事多瞭解足球運動，利用傑拉德的著作欣賞足球的魅力、世足賽的興味及體會足球將世界連在一起的美妙。

台灣，很快將不再是足球沙漠，我知道！

推薦序

看這書可以了解足球
看直播能夠愛上足球

肯尼
博斯足球台

或許從今年開始，大家聽到博斯運動頻道，不再是用問號作為第一反應；至少已經有一部份的人開始知道，「博斯」這兩個字到底怎麼寫，可惜的是，並不是因為「足球」才讓大家認識了我們。

多虧中華職棒，博斯運動頻道的知名度在短短時間內提升了不少，但一直以來，博斯始終在台灣體育媒體圈默默耕耘著「非主流」的市場，不敢說自己做得有多好，只能說我們並沒有放棄這樣的經營路線；盡可能將各項運動賽事介紹給台灣的觀眾們欣賞，是我們期許自己能夠做到的。

但何謂「非主流」？高爾夫球、網球以及足球，頻道引進的這些可都是全世界最多人收看、普及率最廣的運動賽事，可放到了「給我棒球、其餘免談，沒有籃球、人生灰暗」的寶島台灣，卻通通成為爹不疼娘不愛的「非主流」項目，在這樣現實、嚴苛又狹隘的運動市場裡求生存，確實不是一件有趣的事。

尤其談到了足球，台灣人眼中的票房毒藥，二十個人搶一個球到底哪裡好看？曾經因為收視率不如預期，而忍痛犧牲了義甲聯賽和法甲聯賽，卻也因為不捨全球最受歡迎、最賺錢的聯賽乏人問津，而跳出來接手轉播英超聯賽，但只要你願意坐下來好好地去欣賞一場我們轉播的足球比賽，透過球員場上高水準的精湛演出，引領你感受這項運動所展現出的崇高情操與拼搏精神，理解每一次臨場戰術調度的高深藝術，挖掘各個俱樂部背後所蘊含的悠久傳統與歷史，同時點燃你心中那股沈寂已久的青春熱血，就是一件令人開心的事了。

很高興有一群熱血的球評以及死忠的觀眾，陪著博斯運動頻道走過這條沈重的道路，也很榮幸「傑拉德」霍志明先生一令人敬佩的台灣足球拓荒者一邀請博斯運動頻道為這本書寫序，希望讀者們能夠細心品味這本書嘗試帶給大家的內容，進一步瞭解足球的魅力，並將它介紹給身邊的其他人，讓足球這項世界最受歡迎的運動，也能在台灣這片足球沙漠之中萌芽。

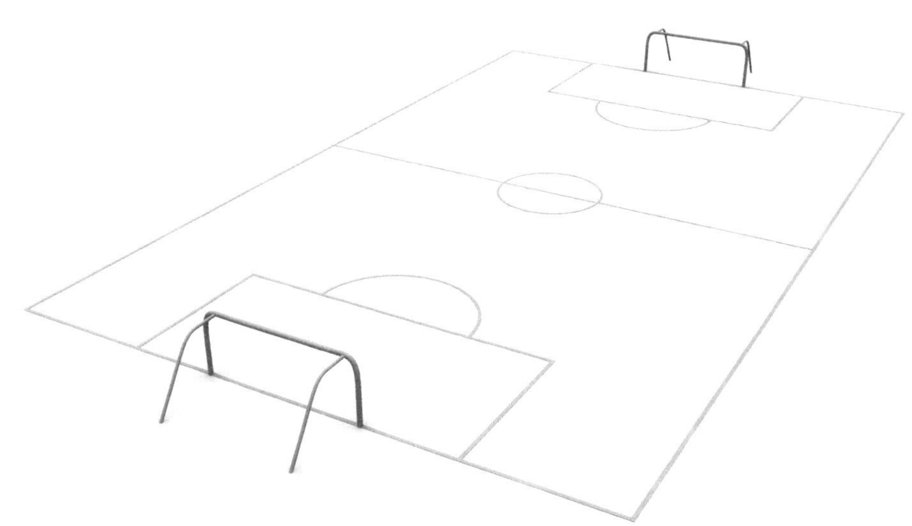

推薦序

台灣足球依然充滿希望

林煒珽
Fox Sports 資深體育主播

距離上次和傑拉德兄在世足賽中合作，又經過了四年。這四個球季下來，傑兄和眾家好友們有固定轉播歐洲一級聯賽的園地，功力的進展自然不在話下，級數早已從達人變成一代宗師，令我們這些凡夫俗子嘆為觀止。

在傑拉德兄在四年前的大作中，承蒙傑兄厚愛邀我寫序，我當時感嘆台灣的足球迷很少，到了今天，台灣的足球迷數量還是沒有爆量成長，每四年來看一次足球的人還是絕大部分，但我還是覺得前景看漲，因為足球開始成為運動迷的話題之一，也隱隱成為一種流行趨勢，走在路上，穿曼聯或皇馬球衣的人明顯多了，每到重點比賽時間，各大足球吧裡座無虛席，臉書上各類足球應援團此起彼落，好不熱鬧，這不都是未來的希望嗎？

這次傑兄大作中陣容更為堅強，許多國內知名的大師級人物都應邀出馬，還有更多網路上的人氣版主們，有了這些意見領袖的加持，想不懂巴西世足賽都很難，而且這些人平常不輕易為人作嫁，可見傑兄面子多大，不愧是來自香港的你啊。

推薦序

藉由此書認識足球世界

吳山駿夫
中華職業足球聯盟協會理事長

又到了四年一度的足球盛——世界盃足球賽。在稱為足球沙漠的台灣也會天降甘霖般，造成社會話題，許多台灣人會注目這個盛會，而往往在此刻政府及企業關心度才隨之提高。

但是在台灣非主流運動的風氣裡，如果有一本好書來認識足球世界，相信對台灣喜愛足球或因世界盃而激起對足球的喜愛的人們，有一定的幫助及認識足球。我也在此書裡介紹了協會主辦的「台灣冠軍足球聯賽T2－LIGA」，雖然只是全國性的業餘足球聯賽，但業餘是職業的基礎，我們也分三個階段，讓台灣邁入足球職業化時代。雖然是不好走的路，還是必須堅持到底，才能實現台灣職足夢，所以我推薦此書，讓各位由淺到深，瞭解世界足球文化，讓不懂足球的你，也能輕易上手瞭解足球。

自序

真正做到一本就懂世界足球

傑拉德

四年前好讀出版社欣然答應出版《一本就懂世界足球》，四年很快過去了，今天，這本書再版發行了！

這次的再版，補回了四年前那本的很多不足之處，例如增加了介紹如法國、俄羅斯，甚至很多小國，也介紹了國際大賽如洲際國家盃、俱樂部世界盃等，務求真正做到一本就懂世界足球。

除此之外，這次的出版，還廣邀了多位台灣及香港的足球專家，使作者群的陣容更鼎盛。

經過四年來的努力，足球人口不斷增長，而且在台灣的直播足球賽事也越來越多，甚至出現了足球雜誌，在在都可以看到台灣人漸漸認識到足球的吸引力。

當初為何會有這本入門書的出現呢？因為兩個原因：

第一，眼看台灣現在外交、經濟及在國際認同上，不斷地受到邊緣化，所以，一直很希望台灣能夠突破孤立，但我們在外交上、經濟上都無能為力。唯一我們有可能做得到的辦法，就是在台灣推廣足球，因為足球是世界上最受歡迎的運動。台灣參與的國際組織已經不多，而我們卻是國際足總的成員之一。為甚麼我們不好好珍惜這個全世界十分有影響力的國際組織席位呢？

第二，今天的足球除了是一項運動外，還是一個國際潮流，就像每年的夏天，整個亞洲都彌漫著足球的熾熱氣氛，因為每年都會有一些國外球隊來東亞或東南亞進行表演賽，他們會到訪日本、南韓、中國、香港、馬來西亞、泰國、甚至是澳門與新加坡，唯獨台灣並沒有跟隨這股潮流，但台灣人一直是緊貼潮流的，既然如此，又怎能放棄足球呢？

我們希望在台灣推動足球同時，能令台灣慢慢地取得國際認同，最少在體育界方面，也可以配合國際潮流，期待下次有世界級足球勁旅訪問亞洲時，別再丟下台灣了。

我們這本書，是一本足球的入門書，既然是入門，當然是越簡單越好，所以，書中便從足球是什麼開始，一一為大家介紹足球到底是什麼東西？到底有什麼特別？對這個世界影響力有多大？並附上一些最基本的簡單規則，讓您看完這本書後，便大概掌握到，這項全世界最多人參與的運動到底有什麼特別？

最後感謝足球王者總編輯鶴本広記先生、博斯足球台肯尼、著名體育主播林煒珽兄及中華職業足球聯盟協會理事長吳山駿夫先生幫我們寫推薦序，在這裡深表感激。

目錄

contents

7 西甲激情

8 熱血義甲

9 德甲風雲

10 浪漫法甲

contents

文 黃天佑

Chapter1
足球是什麼？

來來來，踢球去！

你有踢過足球嗎？

來回想一下小時候，有沒有看到圓圓的東西，就會下意識的用腳去踢？

或許太小的時候已不復記憶，那麼到附近的公園走走，看看有沒有父母帶著小朋友在玩球？

我想你一定見過，有父母在公園陪著孩子踢球，畢竟只要小孩子學會走路、學會跑步，要追著球跑跑跳跳是很容易的，但太小的孩子卻不適合玩棒球和籃球。

足球是小朋友很好的啟蒙運動，因為它不受場地的限制，只要有一顆球，兩個、三個、四個小朋友都可以玩得很盡興。在草地可以踢、水泥地或是PU材質的場地都可以，穿普通運動鞋就行了，不必添購昂貴的專用足球鞋，甚至赤腳也有赤腳的玩法（詳見沙灘足球）。

小朋友將球傳來踢去、相互追逐，就是很有趣的足球了，不一定要有射門得分才算。

所以說，足球是不是很簡單呢？

可以不懂規則，可以沒有專用的場地，可以沒有特殊的裝備，也可以沒有很多人，甚至沒有球（貧窮的非洲或南美洲地區，很多小孩子都是踢汽水罐、舊報紙或椰子殼），一樣能玩得很高興。

我們當然不用東施效顰來踢椰子殼，普通練習用的足球其實已經很便宜了。

踢足球真的就如此簡單，但

要踢得好就不簡單。當很多人都在玩足球，自然就會形成一些規則，來幫助大家遇到爭議的時候要怎麼處理（詳見第3章足球的規則）、並且延伸出本篇要介紹的各種足球的玩法。

標準的足球玩法

什麼是標準？世界上有唯一的國際足球總會（FIFA），由國際足總舉辦的足球比賽，當然是屬於標準足球的範圍。國際足總舉辦的足球比賽林林總總，大致上可分為11人制、5人制和沙灘足球三大類。

adidas 提供

提到足球比賽，必須先為「比賽」下一個定義，那就是參賽雙方經過一個法定的比賽時間（通常是90分鐘）後，進球數較多的一方獲得勝利，若雙方的進球數相同，則比數結果為平手。

但在不同的賽事中會有不同的處理方式，各個國家的聯賽，絕大多數允許平手，贏球的一方通常獲得3分積分，平手則各得1分，輸球的一方0分。但在淘汰制的比賽例如世界盃，在淘汰賽階段非得分出勝負不可，因此法定時間結束雙方平手，則通常加時30分鐘（上下半場各15分鐘），如果仍然平手，則互射12碼決定勝出的一方。

11人制足球

11人制顧名思義，就是每一場比賽的兩支參賽隊伍，各派11名球員先發上場比賽，替補席上則可準備3到7人不等的候補球員，加起來就是所謂的「大名單」（不是報名人數），正式的國際賽事每一場比賽雙方都允許更換3名球員，非正式的比賽或友誼賽則不設限，但替換下場的球員不得再上場。

11人制的比賽由於場上有多達22名球員，因此必須有足夠寬廣的場地才行。根據國際足總規定，球場的長度介於90至120公尺之間，寬度則為45至90公尺，但必須是長度大於寬度的長方形的球場，因此不能是長90公尺寬90公尺的正方形。

但這只是一般比賽場地的標準，如果要舉行A級的國際賽事，國際足總有更嚴格的規定，球場的長度必須在100至110公尺之間，寬度則是64至75公尺之間。

場地需要平整，並且舖上天然草皮、人造草皮或泥土，但只有前兩者合乎國際比賽的標準。

國際足總的嚴謹不只於此，草皮上白線的寬度、禁區的範圍、十二碼點的距離、中圈的圓周大小、角球區的大小、球門的大小和位置、以及比賽用球的大小和彈性，通通都有嚴格規定，缺一不可。

足球既稱為足球，當然是要用腳踢的。在所有的足球比賽中，都只有守門員可以用手來阻擋對方的射門。但在11人制的足球比賽中，還有一個情況可以用手，那就是當球出了邊線，裁判會判給界外球，球是那一方的球員最後碰出邊線，界外球就會判給另一隊，負責擲邊線球的球員，需要用雙手將球高舉過頭，在雙腳不離地的情況下把球丟進場內。

但足球並不是「只能」用腳踢，雖然規定不能用手，但除了肩部以下的上臂、前肢和手掌等部位不能主動碰球以外，身體任何部位都可以跟球接觸，經常看到的包括前額、側額、胸部、肚子、大腿以及背部都是可「踢球」的合法範圍。一般來說，被動的球碰手（也稱為球打手）不罰，這裡的「被動」通常是指球員沒有張開雙臂，或是故意伸手

去碰球。

11人制足球還有許多規則，這部份就留待規則問答篇再為大家詳細解釋。但在11人制足球裡，還需要了解一個名詞，那就是「陣式」（或稱為陣型）。

11人制的場地大，因此場上的11名球員需要各司其職，通力合作，因此可以分為門將、後衛、中場和前鋒4大區塊的位置。

門將是負責守住大門不讓對手進球，也是場上唯一可以用手的球員，但門將用手的範圍僅限於禁區內，出了禁區外則視同一般球員。

後衛基本上負責防守，可細分為左右後衛、中後衛和清道夫（後來演變成自由人）多個位置。中場則有左右中場、左右翼鋒、進攻中場和防守中場，負責串連起球隊的進攻和防守。前鋒則可分為中鋒、邊鋒、第2前鋒、影子前鋒等，主要的任務就是要將球送進對手的大門。

每支球隊在每個區塊安排的球員數量可能都不同，因此就會形成我們常見的所謂陣式，例如4－4－2，就是4名後衛、4名中場和2名前鋒（門將只能有1人所以不提）。

每名教練都有他熱愛的陣式，也可能需要因應對手、球員的傷停狀況等各種因素，在每場比賽安排不同的陣式。於是就有大量不同的陣式產生，像3－5－2、4－3－3、4－2－3－1（2和3都屬於中場）、4－3－1－2等等。

現代足球講究攻守平衡，也強調每一名球員都要參與進攻和防守，因此陣式只是基本參考，後衛帶球上前進攻或是前鋒回撤幫忙防守，在比賽中已經屢見不鮮了。

5人制足球（Futsal）

你現在已經大致了解11人制足球，那麼5人制足球和11人制有何分別呢？

首先是場地。5人制多數

都是在室內舉行（室外當然也可以），場地除了平坦不能有坑洞外，一般都使用木材或合成材質製成，避免使用混凝土或柏油。這也是5人制球場大多數在室內的緣故，因為日曬雨淋很容易讓場地損壞。

5人制的場地比11人制的小很多，大致上和籃球場或手球場差不多，根據國際足總的規定，球場應為長方形，長度為25至42公尺、寬度則是15至25公尺。而國際比賽的規定要更嚴格一些，長度為38至42公尺、寬度則是18至22公尺。

球場上除了邊線、中線、中圈線和角球線與11人制足球類似外，罰球區（11人制稱為禁區）是以球門的兩個門柱為中心，半徑6公尺，所畫出的兩個4分之1圓弧線組成，罰球區正中央（兩個門柱的中間點）距離球門6公尺處（剛好在罰球區的線上）為罰球點，距離10公尺則設第二罰球點。

由於5人制場地較小，球場的材質也不同於草皮，所以採用比11人制5號球較小的4號球，並降低球的氣壓和彈性，球速也相對變慢，因此能夠提高球員近距離控球的技術，進而增加了比賽的可看性。

有不少國際知名球星都受過5人制足球的訓練，像羅納迪諾（Ronaldinho）、羅納度（Ronaldo）、濟科（Zico）和球王比利（Pelé），都在5人制足球嶄露頭角，進而成為11人制足球的巨星，因此稱5人制足球是11人制足球的球星搖籃並不為過。

5人制足球除了場地大小、球場材質和球的氣壓彈性與11人制不同外，比賽的規則也有很多相異之處。

例如對犯規的判罰，除了和11人制相同有間接和直接自由球外，5人制還有特殊的「累計犯規」，兩隊在每個半場的前5次犯規，判罰的自由球可以排人牆（罰球區內的犯規除外，應判罰球點球，類似11人制的12碼罰球，不得排人牆），但累計第6次或以上的犯規，對方罰踢自由球時不得排人牆阻擋。

adidas 提供

其次，5人制的界外球是用腳踢而不是用手擲的，球必須放在邊線上，4秒之內要將球踢進場內，如果直接踢進球門是不算進球的，這一點跟11人制的界外球直接丟進球門不算進球是一樣的。

比賽時間規定也跟11人制有很大差別。5人制比賽同樣分為上下半場，但上下半場各20分鐘，時間一到比賽就結束，沒有傷停補時，但兩隊在上下半場各有一次1分鐘的暫停權利，可在己隊獲得控球權的任何時候使用。

最後，換人和球員被罰下的規定，也跟11人制大相逕庭。

5人制足球規定，先發出賽的

球員不得多於5人，替補席上最多9人（但有加註一條，依各國實施的實際競賽規程為主）。比賽中替換球員的次數沒有限制，一名已經替換出場的球員，可以再進場替換另一名球員。但更換球員必須遵守先出後進的規定，而且必須在替補區完成，如果違反規定，比賽將會停止，違規球員會被警告並罰黃牌，對手將可在比賽停止時球所在的位置，獲得一個間接自由球。

球員犯規會依嚴重性被判黃牌或紅牌，兩張黃牌等同一張紅牌，獲得紅牌的球員將被判罰離場，不得再進場也不得坐在替補席，這一點跟11人制是相同的。但是，11人制的比賽不可再補人，5人制的比賽則是當1名球員被紅牌罰下後滿2分鐘，該隊即可以在替補席上補進1名球員。如果在少1人的情況下2分鐘內被對手進球，則可以立即補進1人。但假如兩隊都有1名球員被罰下，則2分鐘內任何一隊進球，雙方都不得立刻補人。如果被罰下的球員多於1人，2分鐘內被對手進球，也是只能立刻補進1人。

沙灘足球（Beach Soccer）

沙灘足球起源於巴西里約熱內盧，最大的賣點當然就是陽光、沙灘和比基尼辣妹。不是啦，應該是沙灘足球特有的攻防快速節奏和特有技巧。

世界沙灘足球總會（IBSA）在1993年成立，95年就已經舉行了國際賽，98年歐洲開始出現職業聯賽，國際足總在2005年納入管理，並且在同年舉行了首屆的沙灘足球世界盃。由於有不少的世界著名退役球星參與，像是有「老特拉福皇帝」之稱的法國球星坎東納（Cantona）的推波助瀾，使得沙灘足球近年來發展蓬勃。

沙灘足球當然是在蓋於沙灘上的球場舉行，球場的長度為35－37公尺、寬26－28公尺，球門則是寬5.5公尺、高2.2公尺。

兩隊的參賽人數各5人，其中1人為守門員，比賽開始時不得低於4人。沙灘足球的規則類似5人制足球但更加簡單，換人同樣沒有限制，界外球則可以選擇用手或用腳踢，沒有越位規定，所有死球都規定主罰球員在觸球後5秒內必須開出。

沙灘足球的裝備比較簡單，球員都必須赤腳參賽，但允許穿短襪或包繃帶保護腳踝。由於在沙灘上可以跳過來飛過去比較不會痛，因此也可以做出許多高難度的動作，最常見的當然就是倒掛金勾，以及將球挑起再凌空射門。

其他有趣的足球玩法

不是說足球很簡單、很好玩嗎？除了以上這三大類之外，還有其他有趣的足球玩法嗎？

有的，至少還有以下幾種：

7人制足球

11人制足球規定，兩隊至少要有7個人才能進行比賽，少於7個人比賽將被沒收。

因此，7人制足球完全適用11人制的規則，但由於參賽人數較少，還是可以作一些規則上的改變，例如可以使用較小的場地、可以不設越位、也可以將球回傳給門將等。

3對3街頭足球

類似籃球的鬥牛，街頭足球基本上無固定規則，也無場地大小限制，由於人數較少容易湊齊，隨便在任何一塊平地上，擺上一雙鞋或兩個包包就可以當作球門。比賽雙方也可以作出一些規定，例如射門高度要低於膝蓋、不設門將等等。

花式足球

花式足球更像是一種表演，利用身體的任何部位控球，作出一些高難度的技巧，甚至可以配合音樂節奏，完成各種讓人嘆為觀止的漂亮動作。

文 何長發

Chapter2

足球何以讓人瘋狂

「世界盃足球年」，這項四年一輪的全球「世界盃足球風潮」，每四年都會整整發燒一個月，包括台灣無限「隱形」的足球觀眾，也莫名地感染了這股足球熱力。作為世界第一大運動競賽，足球大戰未開打已充滿著話題與期待，那麼足球究竟有何魔力，能讓全球為之瘋狂？

足球影響力遠超聯合國、國際奧會

當今世界有三大不同類型的龐大組織：聯合國、國際奧林匹克委員會及國際足球總會。

「聯合國」是為了維持世界和平（World Peace）而組成的，希望藉此化解各國間的紛爭，以避免戰爭的發生，但事與願違，各國之間仍因彼此的經濟利益或政治的因素而產生衝突，終究免不了要以戰爭方式來解決；而「國際奧林匹克委員會」也是為了人類的和平相處而成立，卻也同樣曾因各國政治考量，時有相互抵制拒絕參加，使奧運會因而失色，最明顯的例子是1984年洛杉磯奧運會，曾遭到東歐國家集體抵制美國而拒絕參賽。

唯有「國際足球總會」是無國界的組織，世界各國對國際足總所舉辦的活動或參賽人員，都會給予支持及禮遇，並不因種族、膚色、宗教信仰及政治制度之不同，而遭抵制；同時，各國政府或人民對實力堅強的球隊或球技超群的個人，更是禮遇及崇拜。因此，透過足球運動來促進世界和平，是最有效的方法。

今天，足球是「全球的運動」，足球的組織是「無國界的組織」，足球運動的興盛，也可提升國家的國際知名度，更是突破國家外交困境的一條活路。

現在，國際足總（FIFA）的組織與勢力，超越聯合國，甚至比國際奧會（IOC）更有影響力，會員協會現在已多達209個國家及地區，只要是所屬會員國參加國際足總的活動，均可以不受任何政治的限制，享有公平參與的權利，有無正式邦交的國家，都可以藉由足球活動打通政府官員的國際外交便利。

有一個數據，可以清楚說明足球的致命吸引力。2007年國際足總的調查報告顯示。全世界踢球的足球人口，占全球人口的25分之1，已超過2.7億的足球選手；而觀看足球賽的球迷，占了全球人口的6分之1，至少有十幾億的人口。根據統計，2002年日韓世界盃足球賽購票觀看的觀眾人數，遠勝於2004年雅典奧運會時各項競賽的總觀眾人數，而且還高出了15倍。

最夠格稱得上「全球大戰」的比賽

要闖進世界盃決賽圈大門，可不像其他運動競賽那般容易，國際足總擁有全世界最多的209個會員國家協會，而每屆世界盃來臨，報名參賽的隊伍經常超過170隊以上，2006年那屆已達194隊參賽，而2010年南非世界盃更破了二百大關，創下204隊報名參賽的新紀錄。必須先經過六大洲區的資格賽之後，最後由32強角逐決賽圈。

2010年南非世界盃，資格賽更歷時快兩年半，展開861場的激戰後，在2009年11月19日終於產生了最後的32強。試問，當今世界體壇有那一種運動競賽，光是資格賽階段，便得歷經全球六大洲區、接近一千場次的比賽，才要進入另一階段的「32強決賽圈」。

這就是我一再傳達的一個必須有「運動國際評價觀」的思維。拿國人視為國球的棒球來說，在亞洲比賽每次參賽的國家隊未必能達雙位數，而足球比賽，在亞洲地區參賽的國家隊經常達到快40隊，競爭隊之多，尤其是競爭之強度，遠非棒球比賽可比擬。

然而，我們國家的體育界規定，各種競賽必須在亞洲比賽取得前四名的成績，才批准派隊參加亞運會甚至是東亞運，這種規定事實上是「假平等」，對國際熱項足球來說，其實是很不公平的「自我設限」，所以我們的足球隊幾乎沒有機會去踢亞運會。

世界盃是20世紀社會文明特產

從古代中國老祖宗發明的「蹴鞠」，到大約150年前，即1863年英國研發出「現代足球」的誕生，演變為今天風靡全球的世界第一大球類運動足球。尤其是在1930年世界盃足球賽創辦以來，「世界盃」可說是20世紀以來社會文明的「特有產物」。人們開始藉由共同的愛好，不管是踢足球或看足球，來表達對和平競爭的期望，球賽僅僅是表面形式而已，世界各地的球迷不分人種、不分宗教信仰，平等的透過足球藝術，溝通了人類的心靈，這就是世界盃足球賽席捲全球的關鍵和基礎。

當年駐紮阿富汗和伊拉克的英軍，要對當地人民表達友善時，想到的方法就是一起踢足球。而早在百年以前即1914年的聖誕節時，敵對的英、德士兵在一次大戰的戰場上，也是做同樣的事，他們暫時忘掉戰爭，放下武器，一塊踢足球過聖誕。這百年來，足球為分裂的世界搭起了

adidas 提供

友善的橋樑。

有一派說法，人類歷經兩次慘痛的「世界戰爭」之後，現在很難再發生世界大戰，在眼前的和平時期，運動競技場上的競爭，取代了「世界大戰」，因此它變成了現代列強展現「國力」的另類戰場。

足球是最平民化的運動

只需要一個球，一個人，無論在任何地方，不管室內或室外，不論是草地、水泥地、地板或沙灘，也不用管是在街頭或巷口，任何人都可以玩弄足球，它不用像一些球類運動，需要花費很多配備、特別找地方玩球。NIKE不是曾找巴西球員，拍了一支很寫實的足球廣告片嗎？內容是他們在機場候機室太無聊了，於是集體在機場大玩起足球遊戲，很生動的刻劃出巴西人生活中就是與足球密不可分，而拍這支廣告片的導演，就是香港名導吳宇森。

足球無論貧、富，從來就是誰都可以玩，它絕不是像高爾夫球曾被視為「貴族」運動，反而是許許多多窮人家小孩跳脫出來，成為「運動貴族」的踏板。南美無數的窮小子，個個因踢球而成為世界富有的運動員，巴西前、後任球王比利和羅納迪諾，那一個不都是靠足球，從此在世界名利大豐收。

足球等於是運動藝術的代表

一個人用手控球，當然遠比用腳控球更容易。如果用腳能把球活用自如，更像是個運動場上的魔術師。試想，除雙手之外，能用身體其他的部分，把球活用自如的話，簡直就是一種運動的藝術，因此，足球的最高境界，等於是藝術家的化身，在運動場上神氣活現的表演著藝術。

足球強烈反映出「和平與人生」

1966年球王比利隨巴西山度士隊到奈及利亞訪問比賽時，正逢奈國發生戰亂，但雙方軍民都希望能看到比利踢球，為此達成停戰三天的協定。40年後，為了足球而停戰的真實故事，又再次發生在非洲內戰的象牙海岸境內。

自從2002年反政府武裝發動政變未遂之後，象牙海岸這個國家，實際上就已經分裂成了兩個部分：政府軍控制的南部，與反政府武裝控制的北部。然而在2006年2月4日晚上，當象牙海岸國家隊擊敗強敵喀麥隆，而闖入非洲盃四強之後，無論是南方還是北方，街道上都擠滿了慶祝的人群。人們鳴槍，但這次不是為戰爭，而是為慶祝。只有足球能讓象牙海岸人暫時忘記了戰爭。

對於那些像C．羅納度（Cristiano Ronaldo）這樣的世界級足球明星，踢球可以賺到上千萬英鎊年薪和無盡榮譽，他們不只是踢球而已，更是享受！可是對於很多非洲貧窮國家的足球運動員來說，選擇踢球卻是為了逃避殘酷戰場的一種生存方式！2009年12月中旬，位於非洲偏東部的小國厄立特里亞，他們的國家足球隊員在結束中東非盃足球賽後全部失蹤。由於國家貧困又戰亂，他們利用踢球藉機逃難，賽後選擇了集體大逃亡。

世界盃不像奧運會純是「超級體育大國」的競賽

奧運會可以說是「超級體育大國」之間的競賽，從歷屆奧運會的奪牌情況來看，基本上每一屆高居獎牌榜上前幾位的，都是領土面積在世界上屬一屬二的大型國家。但作為世界第一運動的足球和全世界最重要的足球賽事「世界盃」，就另當別論了。

在過去80年的前18屆比賽中，7個冠軍國家除了巴西之外，統統都不能算是真正意義上的「領土大國」。

最近的例子就是，2006年世界盃，千里達多巴哥這個彈丸小島，成了世界盃最後的驚喜，因

為這個國土面積只有5128平方公里的小國家（比台灣還小了7倍），卻是德國世界盃的決賽圈32強國家。千里達不僅地小，人口更只有110萬人而已。而在台灣島內有2300萬人，面積近3萬6千平方公里，雖然台灣已經夠小了，但是千里達比台灣還要小。

世界盃足球賽不僅可以讓窮小孩一戰成名致富，更可以讓地球上的窮小國家，藉由足球場上的公平競爭，成功踏上世界最受人矚目的運動大舞台。比我們還要窮困的北韓，1966年在世界盃足球賽一戰成名，2010年，他們在努力44年之後，再次闖進了界盃32強大門的事實，又一次告訴我們，在足球競賽場上爭勝，小國也好，窮國也好，只要好好的耕耘，就會有出頭天的時候。

世界盃「錢」程似錦

全球的人都在關注世界盃足球賽，所以全球化的企業廠家，當然也爭相想要插上一腳。像2006年德國世界盃，透過電視收看比賽實況的觀眾達300多億人次，超過了2002年那屆的盛況。

由於世界盃的魅力，使贊助商蜂擁而至。很多企業認為向世界盃投入資金可以獲得很高的經濟效益回報，而願意充當贊助商。像2006年世界盃贊助商大致可以分為「國際贊助商」和「國內贊助商」兩種。「國際贊助商」是有權通過世界盃來獨家宣傳和銷售本企業的產品，國際足總在每種不同商品中選擇一家企業作為合夥人，而每家企業要向國際足總繳納6千萬歐元的贊助金，相當於24億台幣。

這麼多年來，像adidas、可口可樂、阿聯大公國航空、現代起亞、SONY和VISA卡六個合作夥伴，一直是國際足總的一級「國際贊助商」，另外還有很多的二級贊助商加入。無論是那一種贊助商，最終的目的只有一個，那就是通過贊助活動來提高企業和產品的知名度，開拓商品的流通管道，為企業帶來巨額的經濟效益回報。

辦世界盃挽救國家經濟

由於主辦世界盃足球賽，是一項數十億美元的經營產業，所以更是挽救國家經濟的生財工具。

最明顯的例子，1984年墨西哥遭受強烈地震，經濟損失慘重。但是1986年第十三屆世界盃足球賽，之前已選定在墨西哥舉行，因此，當時國際足總的投資，世界財團的贊助，其他參賽國家大批旅遊者和隨隊球迷的來到墨西哥，使大量美元因此而滾進了墨西哥國內。當年靠主辦世界盃所帶動的各種經濟活絡之下，墨西哥總計收入在15億美元，促使墨西哥迅速恢復了經濟，重建了家園。

2006年世界盃也同樣帶動了德國的經濟成長。由於旅遊業和諸多上市公司從世界盃的舉辦中受益，德國經濟增長得到很大的推動。起碼拉動德國經濟增長0.3個百分點。為該國帶來30億歐元（約1200億台幣）收入，並為德國創造4至6萬個工作機會，暫時紓緩就業市場的壓力。

4年後，光是南非世界盃的電視版權全球銷售，國際足總的收入將達到破紀錄的32億美元。電視收入之外，國際足總從adidas、可口可樂、阿聯大公國航空、現代起亞、SONY和VISA卡六個合作夥伴，以及更多的二級贊助商方面，還能夠獲取相當可觀的商業利益，因此，辦世界盃足球賽，成了國際足總和主辦國家的搖錢樹。

文 翁鼎鈞

Chapter3

足球的規則

每年國際足總（FIFA）對足球運動的規則（Laws of game）幾乎年年修改，這幾十年來足球環境有了很重大的變化，尤其是俱樂部概念的形成。

對於各國足球俱樂部（Football club）或足球體育會（Associazione Calcio or Club Atlético）而言，職業足球選手是俱樂部的資產。因此國際足總基於對於球員的保護與永續經營的理念而修訂許多規則，讓足球選手減少因為規則的尺度不一致、危險動作導致受傷與後續的懲戒手段（Disciplinary sanction），例如紅黃牌罰款（Fine）或禁賽（Suspended）等等。

此篇足球規則簡介主要根據2013/2014國際足總的規則英文版本與中華民國足球協會編定的2013/2014足球規則中文版來加以簡化與解釋。

足球規則主要分為17個章節，前面的第1到4章在描述標準國際A級賽事中球場的大小、天然草皮與人工草皮在國際賽的規格與認證（FIFA certified）、足球門的規格（在2014巴西世界盃會使用門線技術（Goal－line technology, GLT）確認進球）、球場廣告擺設規格、技術區域劃分；國際賽中的安檢規格、比賽球的規格（比賽球必須要有「FIFA APPROVED」、「FIFA INSPECTED」或「INTERNATIONAL MATCHBALL STANDARD」字樣）；比賽人數及替補人數、替補一般球員或守門員的程序、球衣球褲與護具規格（不可攜帶戒指、耳

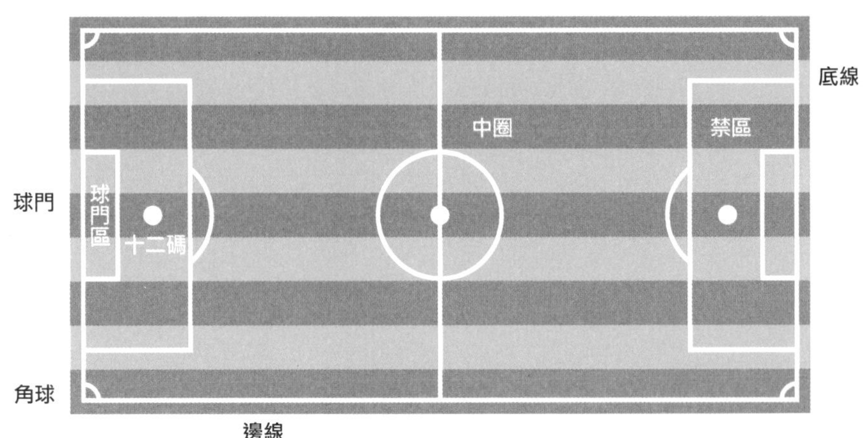

足球場示意圖

環、項鍊、橡膠手環等等私人物品）。在世界各國非第一級的足球聯賽規格可視當地硬體的情況調整，以上的軟硬體設置描述皆是國際足總國際A級賽事等級。

裁判

第5章提及裁判（Referee）的執法內容，當有物體被投擲入場、球場停電、打雷或其他外界干擾如何暫停或停止比賽，在處理完事件後又如何重新開始比賽。「足球規則詮釋及裁判指引」（GUIDELINES FOR REFEREES）附在規則的最後面，在規則詮釋中的第5章部分提及得益規則（Advantage）的運用與合理性，當違規或犯規發生時，裁判可以讓比賽繼續。裁判必須考慮下列情況，決定引用得益規則或停止比賽：

1. 犯規的嚴重性。如果犯規應判罰離場，裁判應停止比賽判罰犯規球員離場，除非接著有進球機會。

2. 發生犯規的位置。愈靠近對方球門，引用得益規則愈能得益。

3. 向對方球門形成立即、危險攻擊的機會。

4. 比賽的氣氛、如果沒有立即停下比賽是否會有因為此次犯規而導致聚眾衝突（Confrontations）發生。得益規則必須給予紅黃牌的決定，須在吹哨停止比賽緊接的數秒鐘內執行判決。

第6章是助理裁判（Assistant referee）職責與權限。助理裁判香港翻譯成線審（linesman） 是早期英治時期的英文意譯，現在的正式名稱都以助理裁判為主。比賽中裁判有最終決定權，因此助理裁判的工作主要是協助裁判：

1. 球何時全部出線。

2. 表示那一隊踢角球、踢球門球或擲球入場。

3. 表示在越位位置的球員，何時應判越位。

4. 表示要求替補球員（Substitution）。

5. 表示發生裁判未看見的不正當行為或其他事件。

6. 無論何時，當助理裁判比裁判接近犯規，表示發生犯規（包括，在特別情況，罰球區內的犯規）。

7. 踢罰球點球時，表示守門員在球踢出之前向前移動，以及表示球已經越過球門線。

比賽時間與程序

第7章在規定正規比賽時間（Periods of play）為上下半場各為45分鐘，半場休息時間（Half－time interval）「不得超過15分鐘」；補足消耗時間或稱傷停補時（time lost, additional time or stoppage time），基於：

1. 替補球員。

2. 防護員或醫生察看受傷球員。

3. 搬運受傷球員離開球場接受治療。

4. 延誤時間。

5. 或任何其他原因。

補足消耗時間由裁判全權決定。

第8章規定開始比賽的程序與方法。足球比賽在：

1. 在比賽開始時。
2. 在進球之後。
3. 在下半場開始時。
4. 在加時比賽的上下半場開始時。

都是直接從中場開球（Kick－off）。

此外，中場開球是直接自由球，直接踢球進入球門可算進球。在比賽開始或加時比賽中場開球之前，擲錢幣決定球隊選邊。猜擲錢幣得勝的一隊，決定上半場攻那一個球門，也在同時兩隊隊長會交換球隊的錦旗或禮物。另外第八章提及墜球（Dropped ball）及其定義，墜球是重新比賽的一種方法，為當球在比賽中，由於規則中未規定的任何原因，需要暫停比賽時所用。裁判在比賽停止時球所在的位置墜球，除非比賽停止時球的位置是在球門區內，則墜球的地點是在平行球門線的球門區線上，最接近球的位置的地點。當墜球觸地，比賽即重新開始。如果在球觸地之前有球員觸球或未觸及球員球即彈出球場需重新墜球。如果墜球被直接踢入對方球門，由對方球隊踢球門球；被直接踢入己方球門，由對方球隊踢角球。

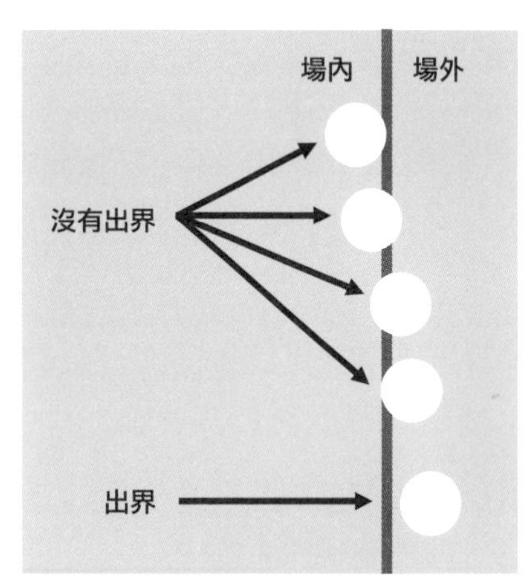

出界判定示意圖

出界、進球、越位

第9章在說明足球在比賽中（Ball in play），足球球體必須完全脫離邊線（touch line）、球門線（goal line）或是進球（Goalscoring）才算比賽外（Ball out of play）。球從球門柱、橫木或角旗杆彈回，而球仍然在球場內。球在球場內誤擊裁判或助理裁判彈回，球仍在場內都視為球仍在比賽中。當整個球體無論在地面或空中全部越出球門線或邊線或是裁判已經吹哨停止比賽，球才算在比賽外。

第10章解釋球進球門（Goalscoring）。當整個球體越過兩球門柱之間及橫木下的球門線，而進球的球隊在進球之前沒有犯規行為，則算進球。此章節也提及球門線技術（GLT），目前GLT系統使用的目的可用於驗證球是否已經進門得分，藉此來支持裁判的決定。使用GLT必須在各有關的競賽規程中規定。

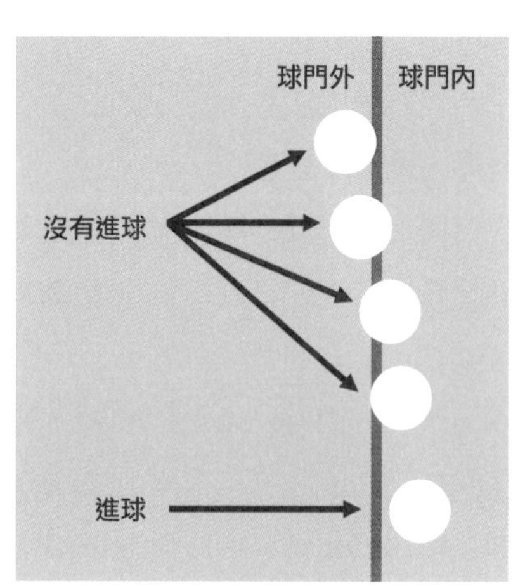

進球判定示意圖

第11章是常常爭議最多的章節—越位（Offside），越位本身並不難判定，而且只是在越位位置是不會被判罰越位的。但是由於足球比賽的速度極快，助理裁判經常無法取得最佳位置或是動態視線被防守球員所阻擋，因此會有許多極小差距的誤判，加上現在球場內的拍攝鏡頭都有20支以上，也能拉近以非常清晰的畫質重播，因此會有極多的誤判會在鏡頭下看得很清楚。

以下簡述越位的原則。攻方球員在越位位置，只有在接獲同隊球員傳球而觸球或玩球時，裁判認為他介入比賽有下列影響之一，才會被判罰越位：

1. 影響比賽。

2. 影響對方球員。

3. 在越位位置而獲得利益。

4. 他所在位置比球和對方最後第二名球員更接近對方球門線的情形。

球員在己方的半場、與對方

越位判定示意圖

最後第二名球員平行或與對方最後兩名球員平行，即不是在越位位置。而攻方球員在直接接到球門球、擲球入場或角球並不會被判罰越位。助理裁判一但舉旗表示越位，裁判應判由防守方在越位發生地點發出一個間接自由球。

犯規及不正當行為

第12章犯規及不正當行為（Fouls and misconduct）是足球比賽中最重視的部分。足球比賽是有身體的接觸與對抗，許多最高級別的國際賽事，例如：世界盃足球賽、歐洲國家盃、歐洲冠軍聯賽等等。可以觀察出有許多的身體接觸與對抗，不是球員倒下或是受傷就是犯規，必須清楚的判斷出犯規與否。踢（Kick）或企圖踢對方球員、絆倒（Trip）或企圖絆倒對方球員、跳（Jump）向對方球員、衝撞（Charge）對方球員、毆打（Strike）或企圖毆打對方球員、推（Push）對方球員、鏟（Tackle）對方球員。以上七種犯規有程度上的差異，裁判認為球員的動作拙劣（Careless）、魯莽（Reckless）或使用暴力（Using excessive force），可因差異給予黃牌（魯莽）或紅牌（使用暴力），並由對方罰一直接自由球。球員有抓拉對方球員（Holding）、向對方球員吐口水（Spit）或一般球員（守門員走出己方罰球區視為一般球員）故意用手觸球（handles the ball deliberately），此三種犯規無程度差異，一旦犯規由對方罰一直接自由球（Direct free kick）。另外守方球員在己方的罰球區內對對方球員犯以上十種犯規之一，不論當時球在何處，都應判給攻方球隊罰球點球（Penalty kick）。

與守門員有關的犯規詳述如下。守門員在己方的罰球區內用手控球，在將球交出之前，時間超過6秒；守門員將球交出，在球未觸及任何其他球員之前，再一次用手觸球；同隊球員故意將球踢向守門員，守門員用手觸球；直接獲得同隊球員擲球入場，守門員用手觸球。有以上犯規，由對方罰一間接自由球（Indirect free kick）。

一般球員動作有危險性（Dangerous manner）、阻擋（Impedes）對方球員前進、阻礙守門員用手將球交出或有其他犯規而規則第12章先前無規定詳述的，應停止比賽警告球員或是判罰犯規球員離場，並由對方罰一間接自由球。

球員有：

1. 非運動精神行為（Unsporting behaviour）。

2. 用言語或動作表示異議（Dissent）。

3. 連續地違反規則（Persistent infringement）。

4. 延誤重新開始比賽（Delaying the restart of play）。

5. 角球、自由球或擲球入場重新開始比賽時，不與球保持必要距離（Failure to respect the required distance）。

6. 未得裁判允許即進場或再進場（Entering or re-entering the field of play）。

7. 未得裁判允許即故意離開球場（Deliberately leaving the field of play）。

以上七種犯規之一應被警告並舉黃牌。替補球員或被替補球員有：

1. 非運動精神行為（Unsporting behaviour）。

2. 用言語或動作表示異議（Dissent）。

3. 延誤重新開始比賽（Delaying the restart of play）。

以上三種犯規之一，應被警告。球員、替補球員或被替補球員有：

1. 嚴重犯規（Serious foul play）。

2. 粗魯行為（Violent conduct）。

3. 向對方球員或其他任何人吐口水（Spitting）。

4. 故意用手觸球，阻止對方球隊進球或失去明顯的進球機會（守門員在己方罰球區內不受本條文限制）（Denying the opposing team a goal or an obvious goalscoring opportunity）。

5. 利用犯規被判罰自由球或罰球點球，而使正向球門前進的對方球員失去明顯的進球機會（Denying an obvious goalscoring opportunity, DOGSO situation）。

6. 使用無禮、侮辱、謾罵言語及（或）動作。

7. 在同一場比賽第二次被警告（Second caution），以上七種犯規之一，應被判罰離場。

裁判從他進入球場時開始，直到他吹哨結束比賽後離開球場時為止只可對球員、替補球員或被替補球員，舉紅牌或黃牌。被判罰離場並舉紅牌的球員、替補球員或被替補球員，必須離開球場四周附近與技術區域。最後，裁判有權請造成紛爭的隨隊職員（official）或教練（manager or coach）上看台或是離開比賽場地與技術區域，以利比賽的順暢進行。

自由球、罰球、擲球、球門球、角球

第13章提及自由球分為直接自由球及間接自由球。如果直接自由球直接踢進對方球門，算進球。如果直接自由球直接踢進己方球門，由對方踢角球。間接自由球踢出，球進入球門之前，必須接著觸及另一球員，才能算進球。如果間接自由球直接踢進對方球門，由對方踢球門球。如果間接自由球直接踢進己方球門，由對方踢角球。

第14章在描述罰球點球（Penalty kick）的犯規與執行。當球在比賽中，守方球隊在守方罰球區內犯十種罰直接自由球的犯規之一，應判給攻方球隊一個罰球點球。罰球點球直接進入球門，直接算進球。

第15章是擲球入場（throw-in），是重新開始比賽的一種方法。擲球的球員需面向球場、兩腳的一部分在邊線上或在邊線外的地面上、用雙手擲球、從頭的後方越過頭頂擲球、在球離開邊線的地點擲球入場且所有對方球員必須站在距離擲球地點至少2公尺的位置。當球擲入球場內，球即進入比賽中。在球觸及另一球員之前，擲球的球員不可第二次觸球。如果對方球員不公平地擾亂或阻礙擲球球員，是非運動精神行為的犯規，應予以警告。

第16章是球門球（Goal kick），當整個球體越出球門線，球最後是觸及攻方球員則判給守方球隊開球門球。球門球直接進入對方球門，可算進球。

第17章是角球（Corner kick），角球是當整個球體越出球門線，球最後是觸及守方球員則判給攻方球隊開角球。角球直接進入對方球門，可算進球。

以上說明足球規則不足之處可以上國際足總或中華足協官網下載足球規則中英文版查詢。如果還有規則中未詳述的問題，可直接詢問中華足協裁判委員會，委員會中有多名資深國際裁判講師，長年赴亞洲各國的裁判講師課程受訓（全課程英語授課），委員會的國際裁判講師都會在講師課程中提出，由全亞洲的國際裁判講師開會討論決定。

台灣目前也有多名國際裁判在亞足聯的菁英裁判名單中，

而且表現傑出。每年中華足協也會與亞足聯（AFC）協同辦理國際足總的裁判講習（FIFA MA COURSE），會中邀請到各國的國際裁判講師到台灣給台灣裁判最新的足球規則與詮釋，也是全英文課程，並有體能測驗，現在要擔任足球裁判需要具備體能與英文能力，有志的年輕足球人，歡迎與中華足協裁判委員會接洽，裁判專業需要優秀人才。足球環境的成長與改變也需要各位教練、球員與球迷們一起學習成長。

有趣的規則

看過基本的規則後，我們再來看看一些有趣的規則吧：

●足球場的尺寸

必須是長方形，邊線長度從最短的90公尺至最長的120公尺，寬度從最短的45公尺至最長的90公尺。並劃上禁區、中場線、中圈等區域。

●比賽用的足球

足球的顏色必須與場地顏色不同，重量在410克到415克之間，周長在68到70公分之間。

●更換守門員

守門員也是球員之一，規則並沒有規定每位球員的位置，在比賽過程中，只要在比賽暫停時，通知裁判後，並獲裁判同意後，任何球員都可以與守門員互換位置。

●界外球不能直接射門

別以為用手擲出界外球很方便，直接往球門丟，就算球直接進網裡，但中途並沒有碰上任何球員的話，進球不算。

●不能碰球衣

不管自己的或對手的球衣，都是絕對不能碰的。在比賽過程若拉對手的球衣，或在任何情況下，把你自己的球衣脫下，都有可能拿到黃牌。

●足球員是君子

因為每位足球員都是君子，所以在球場上罵人、吐口水、故意用球踢對方、裁判示意比賽暫停時故意把球踢得很遠、故意拖延時間、丟球發脾氣……等等，都屬於不君子行為，一律都有機會領黃牌。

文 傑拉德

Chapter4

足球至尊

足球比賽每天在全球各地都有比賽進行，不管是小孩子在街上踢球的、成人下班去參與的，還是各國的職業或業餘聯賽，還有各式各樣的比賽，但說到水準之高，不得不提的是，每四年才會舉辦一次，可說是足球至尊的世界盃。

2014巴西世界盃比賽指定用球「BRAZUCA」｜adidas 提供

起源與簡史

足球國際大賽，是在1908年的第四屆倫敦奧運會舉辦時被列為了正式比賽，當年東道主英國奪得了首屆奧運會男足比賽的金牌。在奧運的賽場上，直到1924年的巴黎奧運會，才開始給大眾注意，該屆的奧運會的足球決賽，由烏拉圭對瑞士，竟然吸引了五萬人進場。

雖然國際足聯一直都希望能舉辦一項國際性的足球大賽，可是因為資源所限，一直未能實現這理想。而且，奧運會一直都禁止職業球員參賽，在1928年阿姆斯特丹奧運會結束後，當時的國際足聯主席法國人雷米特（Jules Rimet）的倡議下，並一致通過決議，舉辦四年一次的世界足球賽，世界盃也訂於1930年正式舉辦，並且與奧運會不同，世界盃可接納所有球員參賽，並不只限定是業餘球員。

在1929年的會議，決定首屆世界盃由烏拉圭舉辦，最主要原因是烏拉圭在剛過去的奧運會中，連奪兩屆的足球金牌，1930年也是烏拉圭獨立的一百週年，烏拉圭並且承諾會負擔所有參賽國的全部食宿費用。

可是世界盃舉行三屆之後，便因第二次世界大戰而停辦。第二次世界大戰之後，國際足聯也正式限制職業球員參加奧運會，以維持世界盃是最高水準的足球賽事，不過，這限制也使共產陣營的東歐國家，以「業餘」身份，雄霸了奧運金牌近三十年。

至於世界盃，在1950年復辦後，每四年一度並沒有暫停過。國際足聯為了公平性，儘量讓不同的國家主辦世界盃，除了傳統足球強國所在地的歐洲與南美洲外，北美洲、亞洲及非洲都主辦過世界盃。目前唯一尚未主辦世界盃的地區，只餘大洋洲。

1930年首屆世界盃在烏拉圭舉行，因為要遠渡越洋的關係，歐洲只有四國出席，而一共只有十三個國家參加首屆世界盃。結果東道主烏拉圭如願以償，在決賽擊敗了阿根廷奪得冠軍。

兩個冠軍金盃

或許大家不知道，每四年看到一次的世界盃冠軍金盃，其實不只一個，對於目前四十歲或以下的朋友，可能沒有看過。在1970年之前的冠軍金盃，與現在的冠軍金盃是不同的。

1930－1970年是雷米特盃（Jules Rimet Cup），從第一屆世界盃開始使用，並有規定哪一個國家能夠三奪冠軍，便可以永遠擁有雷米特盃。結果，在1970年由巴西對義大利的決賽上，巧合地，兩個國家都曾兩奪冠軍，結果巴西以4：1大勝，因此可永遠保存雷米特盃。

1974年開始，新的世界盃金盃出現在西德，並命名為國際足聯世界盃（FIFA World Cup），又被稱作「大力神盃」，並取消三奪冠軍便能永遠擁有世界盃金盃的規定，取而代之的是會在底座上刻上奪得冠軍的國家名字，這個金盃將使用到2038年，之後便會有第三個世界盃冠軍金盃誕生。

2010年第19屆世界盃由南非承辦，並首次在非洲舉行，在前18屆世界盃賽中，東道主均取得了小組出線權，而且東道主的成績也特別好，除了8次晉級決賽外，更6次奪得冠軍。

2014年第20屆世界盃由巴西承辦，闊別64年後，巴西再次舉辦，在前18屆世界盃賽中，東道主均取得了小組出線權，而且東道主的成績也特別好，除了8次晉級決賽外，更6次奪得冠軍，但2010年的主辦國南非，卻是首次主辦國在小組賽出局。

歷史上奪得冠軍數最多的是巴西，截至2010年世界盃為止，他們一共5次奪得冠軍，此外，巴西也是唯一一支參加了所有20屆世界盃的球隊。

至於80年的歷史中，一共只有8個國家曾經奪冠，除了巴西外，還有義大利（4次）、德國（3次）、阿根廷（2次）、烏拉圭（2次）、英格蘭（1次）、法國（1次）及西班牙（1次）。

比賽過程

雖然世界盃決賽圈只進行一個月，但其實每一屆世界盃都要進行差不多三年時間，因為世界盃要進行資格賽。世界盃資格賽階段分為六大賽區進行，分別是歐洲、南美洲、亞洲、非洲、北美洲和大洋洲賽區，每個賽區需要按照該賽區的實際情況制定資格賽規則，除了主辦國外，所有國家都必須參加資格賽，取得晉級資格後，才能進入世界盃決賽圈。

同樣是資格賽，不同洲別都有不同的比賽過程，有趣的是，非洲五個國家（迦納、阿爾及利亞、象牙海岸、喀麥隆及奈及利亞）與歐洲的西班牙，在2014年的世界盃資格賽中，只進行了8場比賽便獲得了晉級資格。而南美洲所有國家及中北美洲的美國、哥斯大黎加及宏都拉斯卻要進行16場的比賽，烏拉圭與墨西哥更比賽了18場才獲得晉級資格。

通過世界盃資格賽獲得決賽

圈名額的國家隊，加上主辦國一共32支球隊將會到主辦國進行決賽圈的比賽爭奪冠軍。決賽圈的32支球隊通過抽籤被分成8個小組，每個小組4支球隊，進行小組賽，每隊對戰一次，勝方得三分，和局得一分，負方則零分，以得分計算，各個小組的前兩名共16支球隊將獲得出線資格，進入複賽；進入複賽後，16支球隊按照既定的規則確定賽程，不再抽籤，然後進行單場淘汰賽，直至決出冠軍。若淘汰賽出現和局，則需要加時30分鐘，若再和局，便會進行互射十二碼決勝，即台灣人俗稱的PK戰。

經典大戰

在過去的19屆世界盃賽中（未列入2014年世界盃），有不少經典的大戰留給球迷不少的深刻印象：

1950年

因為這屆世界盃的決賽是進行小組賽，剛好最後一場比賽由主辦國巴西迎戰烏拉圭，按當時的成績，巴西只要打成平手，就

2014巴西世界盃比賽指定用球與冠軍金盃｜adidas 提供

能奪取世界盃。當時20萬狂熱的球迷擠滿了馬拉閒納球場。

正如預期一樣，巴西壓著對方來踢，但烏拉圭門將馬斯玻里（Máspoli）表現出色，巴西屢攻不下，半場時，雙方並沒有進球。

下半場兩分鐘，巴西在猛

世界盃小常識

●放棄衛冕

首屆世界盃冠軍烏拉圭，為了報復由他們主辦的第一屆世界盃，歐洲只有四隊參賽，竟然拒絕參加1934年在歐洲的義大利舉辦的第二屆世界盃，成為歷史上唯一一支放棄衛冕的國家。

●蟬聯冠軍

1938年的世界盃，上屆冠軍義大利，在決賽以4：2擊敗匈牙利，成為第一個蟬聯冠軍的國家。

●合辦世界盃

2002年的南韓與日本世界盃，是歷史上第一個由兩國合辦的世界盃，除此之外，此屆世界盃也是首次在亞洲舉行。

●神射手

歷史上在決賽圈進球最多的球員是巴西的羅納度，他在三屆世界盃中共射進了15球。

一屆世界盃進球最多的球員，是法國的方丹（Just Fontaine），他在1958年的比賽中進了13球。

一場比賽進球最多的球員，是俄羅斯的薩連科（Oleg Salenko），他在1994年對喀麥隆時，進了5球。

●最老與最年輕的進球球員

世界盃年紀最大的進球球員是喀麥隆的米勒（Roger Milla），他在1994年對俄羅斯踢進一球，當時的年齡是42歲又39天。

世界盃年紀最輕的進球球員是巴西球王比利，他在1958年對威爾斯進球，當時的年齡是17歲又239天。

●最快進球

2002世界盃的季軍戰，土耳其對南韓，土耳其的蘇克（Hakan Sukur）只用了11秒便替土耳其攻進1球。

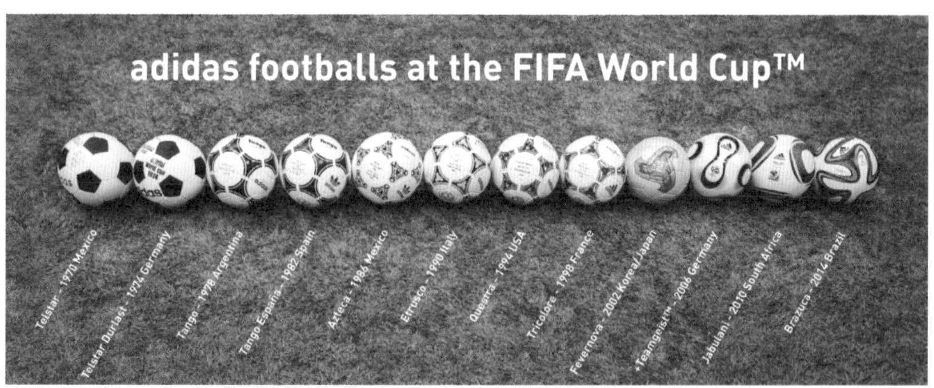

歷史上世界盃各屆的用球。｜adidas 提供

攻下終於打開僵局，菲阿卡（Friaça）進球。

此時烏拉圭也逐漸增強攻勢，上半場的出色表現使他們充滿信心。

20分鐘，舒亞分諾（Schiaffino）首先進球扳平，結束前11分鐘，義大利的芝吉亞（Ghiggia）帶著球，穿過毫無組織的巴西後防，射入致勝的1球。

烏拉圭以2：1奏捷，第二度贏得世界盃冠軍。巴西人當時傷心欲絕，據說有人甚至自殺。

1954年

世界盃的決賽在瑞士伯爾尼進行，決賽對手是匈牙利與西德，當時的陣中擁有多名巨星的匈牙利，被視為是本屆世界盃最大的奪冠熱門，並氣勢如虹以全勝姿態打進決賽。而在決賽之前，小組賽階段雙方也曾交手過，匈牙利以8：3大勝西德，以致全球所有人都認為，匈牙利應該可以順利奪冠。

在決賽中，匈牙利陣中的焦點球星普斯卡斯（Ferenc Puskas）與齊伯爾（Zoltan Czibor）先後取得進球，匈牙利早早便取得了2：0的領先優勢，西德在隊長瓦爾特（Fritz Walter）的率領下，最終實現了大逆轉，在由拉恩（Helmut Rahn）射入了制勝球後，西德最終以3：2擊敗了匈牙利，成為新盟主。

1970年

墨西哥世界盃，義大利與西德在四強淘汰賽中相遇，中鋒博寧塞尼亞（Roberto Boninsegna）率先為義大利取得了進球，碧根鮑華（Franz Beckenbauer）在比賽中肩膀被撞導致脫臼，但仍用綳帶綁著已經脫臼的手臂堅持作戰，比賽結束前，西德由著名後衛施內林格（Karl－Heinz Schnellinger）扳平了比分。

在加時賽中，雙方互相進球，西德陣中的著名射手穆勒（Gerd Muller）攻進了2球，這使得穆勒在本屆世界盃賽中的進球數達到了10顆，但陣中擁有里瓦（Luigi Riva）、法切蒂（Giacinto Facchetti）等球星的義大利在加時賽中攻進了3球，最後里維拉（Gianni Rivera）攻進的制勝球，幫助義大利淘汰了西德。

1982年

義大利與巴西相遇，雙方爭奪進入四強的一個名額，巴西陣中可說是星光熠熠，包括有白比利之稱的濟科、蘇格拉底（Socrates）、法爾考（Falcao），世界盃前被視為奪冠大熱門。但是羅西（Paolo Rossi）率先為義大利取得進球，巴西陣中的蘇格拉底與法爾考在比賽中各入1球，但巴西最終依然失利，羅西在本場比賽中獨進3球，而義大利著名門將佐夫（Dino Zoff）則頑強地只失守2球，義大利便以3：2的比分淘汰了巴西。

1986年

八強賽中，之前四戰全勝的巴西，遇上歐洲最強的中場線法國，在當時有很多人都嘆息這場比賽不是當屆世界盃的決賽，雙方合演了一場相當高水準的比賽，水準之高就連界外球與越位都不多。

17分鐘，巴西創造出一個十分美妙的組織進攻，由卡雷卡（Careca）進球領先，40分鐘時，法國由球王普拉蒂尼（Michel Platini）追成平手。下半場雙方不斷製造出多次精彩的進攻，全場的高潮在72分鐘，濟科剛上場便踢了一個給妙傳白蘭科（Branco），法國門將巴斯（Joel Bats）在禁區內把白蘭科拉倒犯規，判罰12碼球，可惜操刀踢12碼的濟科竟然射失。最後雙方戰至加時120分鐘仍然是1：1。法國最後憑互射十二碼以4：3勝出，把巴西淘汰出局。

當然精彩的大戰又豈止以上面的幾場比賽，還有更多更多，但篇幅所限，難以一一介紹，或許將來有機會再與大家談世界盃時，可以與大家分享。

歷屆世界盃一覽

年份	主辦國	冠軍	亞軍	季軍	殿軍
1930	烏拉圭	烏拉圭	阿根廷	美國	南斯拉夫
1934	義大利	義大利	捷克斯洛伐克	德國	奧地利
1938	法國	義大利	匈牙利	巴西	瑞典
1950	巴西	烏拉圭	巴西	瑞典	西班牙
1954	瑞士	西德	匈牙利	奧地利	烏拉圭
1958	瑞典	巴西	瑞典	法國	西德
1962	智利	巴西	捷克斯洛伐克	智利	南斯拉夫
1966	英格蘭	英格蘭	西德	葡萄牙	蘇聯
1970	墨西哥	巴西	義大利	西德	烏拉圭
1974	西德	西德	荷蘭	波蘭	巴西
1978	阿根廷	阿根廷	荷蘭	巴西	義大利
1982	西班牙	義大利	西德	波蘭	法國
1986	墨西哥	阿根廷	西德	法國	比利時
1990	義大利	西德	阿根廷	義大利	英格蘭
1994	美國	巴西	義大利	瑞典	保加利亞
1998	法國	法國	巴西	克羅埃西亞	荷蘭
2002	南韓／日本	巴西	德國	土耳其	南韓
2006	德國	義大利	法國	德國	葡萄牙
2010	南非	西班牙	荷蘭	德國	烏拉圭
2014	巴西				
2018	俄羅斯				
2022	卡達				

文 桑田

Chapter5

洲際榮譽

國際足聯俱樂部世界盃

國際足聯俱樂部世界盃（FIFA Club World Cup）（簡稱：世俱盃）是FIFA著力推廣主辦的一項國際足球賽事，旨在讓全世界各大洲的冠軍能像世界盃一樣捉對廝殺，讓各大洲俱樂部也擁有一個世界級別的賽事。

在2000年曾舉辦過一屆名義上的世俱盃，後來由於贊助商問題，賽事被迫取消。直到2005年世俱盃才重新啟動，習慣上將2005的比賽作為第一屆世俱盃。

重新開辦的世俱盃正式於2005年在日本舉行，其後每一屆賽事都在日本舉行，2009年開始改由中東國家阿拉伯聯合大公國進行，2011年至2012年回到日本舉行，2013至2014年則在非洲國家摩洛哥舉行。目前中國的廣州恒大俱樂部正準備代表中國申辦2015至2018年間其中兩屆世俱盃。

2005和2006年兩屆世俱盃都是6支球隊參加，即六大洲的冠軍。從2007年起為賽事的東道主增加一個名額，參賽隊達到7支，賽制也延續至今。

比賽由東道主聯賽冠軍和大洋洲冠軍先對決，勝者再和亞洲、非洲和中北美及加勒比海三大洲的冠軍組成四隊，逐隊比賽，決出兩個優勝者進入四強戰，歐洲和南美洲的俱樂部冠軍直接進入四強戰，分別與另兩隊交鋒，勝者會師決賽。

世俱盃7支球隊除第一場的失利方不用進行排位賽以外，其他比賽輸球一方均需與另外輸球的一方進行排位賽，決出名次。

世俱盃歷年冠軍		
年份	冠軍球隊	球隊國家（洲別）
2000	哥林多人	巴西（南美洲）
2005	聖保羅	巴西（南美洲）
2006	巴西國際	巴西（南美洲）
2007	AC 米蘭	義大利（歐洲）
2008	曼聯	英格蘭（歐洲）
2009	巴塞隆納	西班牙（歐洲）
2010	國際米蘭	義大利（歐洲）
2011	巴塞隆納	西班牙（歐洲）
2012	哥林多人	巴西（南美洲）
2013	拜仁慕尼黑	德國（歐洲）

洲際國家盃

洲際國家盃的前身為洲際盃足球賽，於1991年由亞洲、非洲、南美和北美加勒比地區足聯提議發起，現由國際足聯主辦，被稱為小型世界盃（Little World Cup）的世界冠軍金盃足球賽（World Champions' Gold Cup），其獎盃就是按照世界盃外形制作，國際足聯將洲際國家盃定義為是僅次於世界盃的國際賽事，提供了各大洲冠軍一個對決的平臺。

2005年開始，國際足聯針對洲際國家盃做出了一項重大改革，即把洲際國家盃的舉辦年份由兩年一屆調整為了四年一屆，正式確定了在每屆世界盃年的前一年由次年舉辦世界盃的東道國主辦此項賽事。

洲際國家盃也被視為世界盃的前哨戰，主辦方和FIFA也可以借此來考察舉辦國場地、交通、協調等方面的各種狀況。對於亞洲、非洲和大洋洲等地區的世界二流球隊來說，洲際國家盃無疑是獲得與世界強隊交鋒的機會的最佳舞臺。1997年和2001年，澳洲和日本就曾闖入過該項賽事的決賽，可惜最終輸給巴西和法國

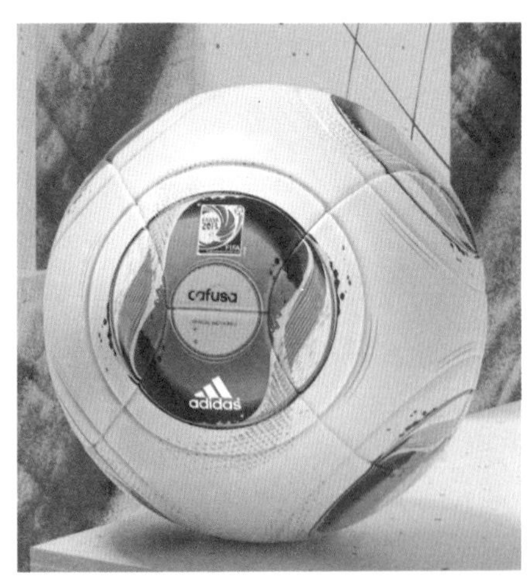

洲際國家盃用球。｜adidas 提供

而屈居亞軍，2009年美國也爆冷闖入決賽，但同樣惜敗給巴西而屈居亞軍。

縱觀洲際國家盃的歷史，巴西隊無疑是最閃亮的球隊，同時也是參加洲際國家盃次數最多的球隊，自從1997年以來，該隊7次出戰，其中在1997年、2005年、2009年及2013年4次奪魁，這同樣是洲際國家盃的紀錄。森巴軍團還是洲際國家盃歷史參加比賽最多（33場）、贏球最多（23場）以及進球最多（78顆）的球隊。法國則奪得過2次冠軍，來自中北美洲的墨西哥拿下1次桂冠。

洲際國家盃的參賽資格如下（至少符合一項條件）：

第一：所在洲的冠軍

第二：世界盃冠軍

第三：洲際國家盃主辦國

第四：如果一支球隊同時是世界盃冠軍和所在洲冠軍的雙重身份，這樣就多出一個名額，國際足聯將考慮邀請其它球隊參加。如果東道主既是世界盃冠軍或所在洲冠軍（或同時是世界盃冠軍又是所在洲冠軍），這樣也是多出1至2個名額，國際足聯將考慮另外邀請1到2支球隊參加。一般會讓該洲的亞軍國家參加。

洲際國家盃歷年冠軍		
年份	冠軍	主辦國
1992	阿根廷	沙烏地阿拉伯
1995	丹麥	沙烏地阿拉伯
1997	巴西	沙烏地阿拉伯
1999	墨西哥	墨西哥
2001	法國	日本／南韓
2003	法國	法國
2005	巴西	德國
2009	巴西	南非
2013	巴西	巴西

文 傑拉德

Chapter6

英超盛世

英國文化影響全球

記得多年前，筆者曾看過已故的民主鬥士柏楊先生的著作，他認為世界上有一個偉大的民族，就是盎格魯撒克遜，即今天的英國人。偉大的原因，是英國人為世界文明建立了鋼架，如議會制度、選舉制度，和司法獨立、司法陪審制度等等，為人類社會，建立了一個良好結構，是全球民主政治的誕生地。

除了柏楊先生所稱頌的英國民主制度外，英國的工業革命及工業化，同樣影響之後的世界各國工業化發展。還有瓦特發明的蒸汽機影響之大，及牛頓發現萬有引力已不用多形容，而今天家家戶戶的必需品電視機，及改變交通歷史的鐵路運輸同樣是英國人所發明，可以看出英國對於全世界影響之大了。

以上只是政治及民生的影響，當然還有最大的文化影響，英國大文豪莎士比亞的巨著、拜倫的詩篇及狄更斯的小說，真是無人不曉。當然，還有孕育出不少人才的牛津、劍橋兩所世界著名大學。

或許有讀者認為，這已經是陳年往事了，那麼我們再看看，英國近年還有什麼對全球有影響呢？

先從流行音樂文化看起，由上世紀60年代的披頭四樂團（The Beatles）、經過70年代的艾爾頓・強（Elton John）、到80年代的轟樂隊（Wham）、杜蘭杜蘭（Duran Duran）、90年代的接招合唱團（Take That）、綠洲合唱團（Oasis）等，還有唱了

40年仍然十分受歡迎的滾石樂團（Rolling Stones）。這些流行音樂，影響已經夠大了，除了音樂之外，還有電影。

電影方面，轟動全球的哈利波特系列，相信大部份讀者都已經看過，而陪伴大家一起成長的特務電影龐德007系列，歷經50年仍然受到全球歡迎，這些電影都改編自英國的小說。

以上所述的都影響世界巨大，但不提醒可能大家都沒有注意，還有一項文化影響之大，更令人意想不到。這項可以說是最偉大的「發明」，正是足球運動。

或許有報導指足球是中國人所發明，但不論足球是誰發明的，可以肯定的是，現代足球運動是由英國人所發明的，在19世紀中期的英國，已有不少人在進行這項運動。而全世界第一項足球比賽，便是英格蘭足總盃，首屆比賽於1871—1872年舉行。而全世界首個足球聯賽則在1888年舉行，這個聯賽便是英格蘭足球聯賽。

自此之後，足球運動便對全世界散發出意想不到的影響，也使國際足聯的會員國數高達209個，比聯合國的會員國數目還要多，可想影響有多大。

英國人除了將足球發揚光大外，目前英國國內所進行的英格蘭超級聯賽，影響世界之大更是難以想像。

據統計，每星期的英超比賽，全球超過150個國家轉播，觀眾人數達平均超過5億！每個星期都有5億人在觀看，部份強隊對決的場次更可高達10億人，試問有甚麼可以媲美？

既然是全球最多人收看的運動比賽，轉播費用自然高，大家可以猜到英超的轉播費嗎？英超在2010—2013年的全球轉播權協議，收入高達12億英鎊（約新台幣573億元）。每支英超球隊每季可獲2千萬英鎊（約新台幣9億5千萬元）。而觀眾群除了歐洲外，亞洲還是英超的最主要的市場。有關報導，中東地區就花了3億英鎊去購買轉播權，而與台灣近在咫尺的中國（包括香港），三個賽季也花了1億8千萬英鎊（約新台幣86億），才能看這項全球矚目的比賽。

所以，看來「英格蘭超級聯賽」才是英國目前影響全世界的文化，影響之大令人難以想像！

英超簡史

看過了英格蘭超級聯賽這個全球最受到歡迎的聯賽後，當然要為大家簡單介紹英超的歷史。

上文提到，英格蘭首屆足球聯賽是在1888年開始，是全球首個足球聯賽，首屆只有12支球隊參賽。1892年開始，參加的球隊越來越多，於是聯賽分成了甲級（First Division）與乙級（Second Division），並實行升降級制度，後來陸續再增加低級別，賽制便變得十分完善。

除了在1939—1946年，英格蘭聯賽因為第二次世界大戰而停辦外，每年都會舉行。

1985年時，在比利時海塞爾球場的一場歐冠聯的決賽，由英格蘭的利物浦（Liverpool）對壘義大利尤文圖斯（Juventus）。但比賽開始前半小時，在利物浦球迷區有人鬧事，甚至縱火，防暴警察衝入欲制止暴徒，有些球迷為逃避追捕，破壞了阻隔雙方球迷的圍欄並挑釁尤文圖斯的球迷，最後引致牆壁倒塌，造成39人死亡，大部分是義大利球迷。比賽後來仍繼續舉行，但利物浦以0：1敗北，這場比賽導致英格蘭球會被禁止參加歐洲盃賽5年，14名利物浦球迷被控誤殺。

而1989年又發生了另一場足球慘劇，在謝菲爾德星期三足球俱樂部（Sheffield Wednesday Football Club）的希爾斯堡球場舉行的足總盃，由利物浦對諾丁漢森林的四強比賽中，由於人數擁擠造成看臺坍塌，結果造成96名球迷死亡，150多人受傷。英格蘭聯賽的形象受到了極大的損害，自此英格蘭足球徹底陷入了歷史的低谷。

為了重建英格蘭足球，英格蘭足總除了對各球場進行了安全改建，並計劃創立英格蘭超級聯賽。除了希望改善形象外，新成立的英超聯賽在財政上從英格蘭足總的體系中獨立出來，並可進行商務開發、贊助談判的權利，轉播權也不再屬於英足總，令英超聯會及各球隊的收入大增。1992年中，英格蘭超級聯賽正式成立，並從1992－1993賽季開始，便正式取代原先的英格蘭甲級聯賽成為英格蘭最高級別聯賽，到了1995－1996賽季，英超聯賽將原先英甲的22支參賽球隊縮減為20支，從而也造就了現今的聯賽規模。

賽季由每年的8月至隔年的5月，採用主客場雙循環賽制，每支球隊要跟其他各隊在主場和客場各交手一次，每場比賽的勝方可得3分、和局各得1分、負方則0分，38輪比賽過後，以積分多寡決定排名，總積分最高的一隊即為該年度的冠軍。

最終積分榜末尾3支球隊直接降入英冠聯賽。英冠聯賽冠軍與亞軍直接升入下賽季英超賽場，英冠第3名到第6名這4支球隊則會採取兩回合主客場淘汰的方法進行升級附加賽，最終勝出的球隊將獲得另一個升級名額。

積分榜前列球隊除了爭奪冠軍誰屬外，也關係到歐洲賽事的參賽名額，所以，每場比賽都會關係到不同球隊的利益。

英格蘭足球的風格非常開放和粗獷，球總是以最簡單、最快速的方式被處理，而且非常講求速度，最重要的一點，是各支英超球隊都以爭勝為比賽目的，不管球隊的目標是否已達成，每場比賽都會力拼到底，所以，大部份比賽都相當好看，這正是英超的魅力所在，也使英超成為全球最受歡迎的聯賽。

英超盛世

早在英超成立之前，英格蘭的俱樂部早已橫掃歐洲，看看由1976－1977至1983－1984賽季的8屆歐洲冠軍聯賽中，英格蘭的球隊便7奪冠軍，可說得上是英格蘭盛世，但在之後的一個賽季，發生了海塞爾事件，英格蘭球隊被禁賽，英格蘭球隊才暫時失去壟斷的機會。

英｜超｜小｜常｜識

●第一個進球

英格蘭超級聯賽第一個進球，是在英超開打日1992年8月15日，由謝菲爾德聯（Sheffield United Football Club）主場迎戰曼聯（Manchester United），開賽後5分鐘，由謝菲爾德聯的前鋒鄧恩（Brian Deane）射進第1球，最終他也帶領球隊以2：1擊敗曼聯

●從未降級過的球隊

英超自1992年創立至今，從未降級的球隊只有7支，分別是曼聯、兵工廠（Arsenal）、切爾西（Chelsea）、熱刺（Tottenham Hotspur）、利物浦、艾佛頓（Everton）與阿斯頓維拉（Aston Villa）。

●不敗的球隊

2003－2004賽季，兵工廠整季拿下38戰26勝12和，以不敗的戰績奪得英超冠軍，成為英超歷史上唯一一支全季不敗球隊。

●首支被接管的球隊

2010年2月26日，樸次茅斯（Portsmouth）因為申請破產保護而被接管，成為英超歷史上首支被接管的球隊，並在2009－2010賽季的得分中，再扣9分。

●德比戰

德比戰是代表同一個城市或同一個地區的足球球隊對戰時，所使用的名稱。不過，每次用上德比戰這名詞時，也表示比賽特別受到關注或者大戰氣氛甚濃的意思。

英超有不少異常激烈的德比大戰，如同位於默西塞特郡的利物浦與艾佛頓、位於曼徹斯特市的曼聯與曼城（Manchester City）、在北倫敦的兵工廠與熱刺、甚至是倫敦的西漢姆聯（West Ham United ）與米爾沃（Millwall）等等，而由於倫敦彙集了兵工廠、切爾西、富勒姆（Fulham）、熱刺、西漢姆聯等眾多的英超球隊，因此每個賽季的倫敦德比場次眾多，德比戰就更激烈了。

而英超成立的初期，由於缺乏與歐洲球隊的比賽，令聯賽整體水平有限，後來，經過英超聯會的努力與行銷的成功，陸續吸引到具實力的球星加盟，在本世紀初，隨著大量外國資本的不斷湧入，英超吸引了世界各地高水準球星加盟，使英超成為最成功的聯賽。

英超的競爭程度十分激烈，提前數輪奪得聯賽冠軍的場景已經很少出現，並且常常到最後一輪聯賽戰罷，聯賽冠軍的歸屬才產生，至於獲得歐冠、歐霸盃等參賽資格、還有全部降級球隊的產生同樣比賽到最後一輪聯賽結束才能揭曉謎底。

上世紀90年代末本世紀初，曼聯與兵工廠是英超賽場上的兩大霸主，而在近幾個賽季，隨著切爾西的崛起，曼聯與切爾西間對聯賽冠軍的爭奪成為了主旋律，此外，曼聯、切爾西、兵工廠與利物浦近幾個賽季連續壟斷英超聯賽前四名，並稱為英超「四大豪門」。

近年因為中東財團的加入，多了一支富豪球隊曼城，對前排的威脅相當大，成為豪門後終於也奪得了「首個」英超冠軍。

除了以上大豪門之外，十多年的英超歷史中，還有不少曾經對聯賽冠軍或前列位置有威脅的球隊，如紐卡索聯（Newcastle United）、布萊克本流浪者（Blackburn Rovers）、熱刺、里茲聯（Leeds United）等等。

近年因為英超全球化，每兩年英超賽事都會亞洲舉行英超亞洲挑戰賽，甚受亞洲地區球迷歡迎。

雖然英超廣受全球球迷歡迎，水準也相當高，不過，英格蘭國家隊卻沒有因此而受惠，在世界盃歷史上，他們只曾於1966年於自己國土上奪得冠軍，及1990年晉級四強，而歷屆的表現只能說是乏善足陳，也多次未能晉級賽圈，至於為何表現不濟，這就不在本文探討範圍。

英超亞洲挑戰賽。｜陳銳誠（Shing Chan）提供

英超重要球隊簡介

曼聯：

曼聯足球俱樂部成立於1878年，當時的名字叫牛頓希斯（Newton Heath LYR F.C.），1902年改名為曼聯，綽號「紅魔鬼」。在英超聯賽成立之前，曼聯並不是英格蘭聯賽中奪得冠軍最多的球隊，但自1992年英超聯賽成立後，他們卻成為英超中真正的霸主。2011年，曼聯奪得了第12個英超冠軍，超過了利物浦18個國內頂級聯賽冠軍的紀錄。

1958年的慕尼黑空難，多名球員喪生使得曼聯元氣大傷，但在10年後，重整旗鼓的1967－1968賽季，曼聯成為了首支奪得歐冠冠軍的英格蘭球隊，此後，在1998－1999、2007－2008賽季曼聯又兩度奪得歐冠冠軍。曼聯主場老特拉福德球場是目前英超各隊中球迷上座率最高的球場，也是英超各隊中球場容量最大的球場。1998－1999賽季，曼聯奪

曼聯隊。｜Nike 提供

得了英超、足總盃與歐冠三項冠軍，成為了三冠王。同時也成為英格蘭足球歷史上第一支兩次完成三連冠的球隊。

在曼聯漫長的隊史中，總教練巴斯比（Matt Busby）與弗格森（Alex Ferguson）對曼聯的影響相當深遠，弗格森於2013年退休，破記錄地帶領曼聯長達26年。

而曼聯歷史上更是不乏足壇巨星，博比·查爾頓（Bobby Charlton）、丹尼斯·勞（Dannis Law）、喬治貝斯特（George Best）、坎通納（Eric Cantona）、吉格斯（Ryan Giggs）、貝克漢（David Beckham）、C.羅納度（Cristiano Ronaldo）與魯尼（Wayne Rooney）等球星構築了曼聯的輝煌。

兵工廠：

成立於1886年的兵工廠是世界上最具規模的球隊之一，綽號「槍手」，他們13次取得英格蘭頂級聯賽冠軍（3次英超冠軍），並且10次贏得足總盃冠軍，同時他們也是在英格蘭頂級足球聯賽中停留得最久的俱樂部之一。作為英超聯賽的豪門球隊之一，兵工廠的支持者無數，他們和部份俱樂部一直有著對抗；最著名的是和同城俱樂部托特納姆熱刺的北倫敦德比。

近年溫格（Arsene Wenger）對球隊的改造深深地改變了兵工廠，兵工廠從原本打法沉悶的球隊一舉轉變為打法漂亮的攻勢足球球隊典型，在球員方面，曾在兵工廠留下深深印記的伊恩胡禮（Ian Wright）、奧拉利（David O'Leary）、亨利（Thierry Henry）博格坎普（Dennis Bergkamp）、厄齊爾（Mesut Ozil）無疑是球迷耳熟能詳的球星。

利物浦：

成立於1892年的利物浦曾奪得18次英格蘭頂級聯賽冠軍、7次足總盃和聯賽盃冠軍、5次歐洲冠軍聯賽冠軍及3次歐洲超級盃冠軍，綽號「紅軍」。

雖然自英超聯賽成立以來球隊從未奪取過英超聯賽的冠軍，但每個賽季利物浦都被看作是聯賽冠軍的有力爭奪者。在英超聯賽成立之前，利物浦是英格蘭足壇當仁不讓的王者，同時他們也是受關注最多的球隊，而正是因為過熱的關注度，令他們經歷了「海賽爾」和「希爾斯堡」兩次慘案。

上世紀70年代中期到80年代末是利物浦的鼎盛期，以達格利許（Kenny Dalglish）為代表的一批球星幫助利物浦在歐冠與國內聯賽中均登上了頂峰，在利物浦的歷史中，香克利（Bill Shankly）與佩斯利（Bob Paisley）無疑是利物浦歷史中迄今為止最為重要的兩大功勳。

利物浦隊。｜渣打銀行 提供

在英格蘭足壇，利物浦最大的死敵是與他們同處一個城市的艾佛頓，此前利物浦便是從艾佛頓分裂出來的，因此不論在地理上或歷史上兩隊都是死敵。

令人津津樂道的前鋒殺手是拉許（Ian Rush）、比爾茲利（Peter Beardsley）等，還有近年的神奇隊長傑拉德（Steven Gerrard）、前鋒托雷斯（Fernando Torres）與蘇亞雷斯（Luis Suarez）。

切爾西：

切爾西隊成立於1905年，綽號「藍軍」，球隊共贏得過3次頂級聯賽冠軍，5次英格蘭足總盃冠軍，4次英格蘭聯賽盃冠軍以及2次歐洲優勝者盃冠軍。

在英超聯賽成立之前，切爾西很難稱得上是英格蘭足壇的豪門球隊，但在俄羅斯富翁阿布拉莫維奇（Roman Abramovich）於2003年夏天入主切爾西後，沒有人再敢輕視切爾西，因為他重整了英超的秩序。

俄羅斯老闆通過大手筆的揮金來增強球隊的實力，在穆里尼奧（Jose Mourinho）連續率領切爾西奪得英超冠軍，並從2003－2004賽季開始，切爾西只曾一次掉出英超三強，但那一次卻奪得歐冠聯冠軍、期間三次奪冠，這和切爾西能力大幅提升是密不可分的。而蘭帕德（Frank Lampard）、德羅巴（Didier Drogba）是切爾西近年的代表人物。

托特納姆熱刺：

托特納姆熱刺，綽號「刺」，近年一直未能躋身前列位置，不過歷史卻有兩項紀錄卻相當光榮，熱刺共兩次奪得英格蘭頂級聯賽冠軍，1960－1961賽季，熱刺奪得了英格蘭頂級聯賽與英格蘭足總盃的雙料冠軍，並成為20世紀首支雙料冠軍。而在1963年，熱刺成為英格蘭首支取得歐洲賽事冠軍的球隊，當年他們奪得了歐洲優勝者盃。

切爾西隊。｜adidas 提供

熱刺隊。｜陳銳誠（Shing Chan）提供

上世紀80年代末，托特納姆熱刺引進了萊因克（Gary Lineker）與加斯科因（Paul Gascoigne）兩大焦點球星，1994年引進了德國前鋒克林斯曼（Jurgen Klinsmann）並取得成功，隨即引發了世界級球星湧向英超的轉會狂潮。自英超創立後，熱刺一直穩居聯賽得分榜中游，由於同處倫敦北部，熱刺與兵工廠勢同水火。

曼城（Manchester City）：

曼城一直以來只是一支中游球隊，並且經常面對降級的威脅，也常降級及升級，但自從2008年開始，來自中東的阿布達比集團入主後，搖身一變成為豪門，並且於2011－2012球季「首奪」英超冠軍，也是球隊歷來第三個頂級聯賽冠軍。

曼城在近數年，豪花巨資，瘋狂收購球星，如阿奎羅（Sergio Aguero）、內格雷多（Alvaro Negredo）、納斯里（Samir Nasri）、納瓦斯（Jesús Navas）、費南迪尼奧（Fernandinho）等等，陣容鼎盛。並希望在歐洲賽中有所作為，可惜三次闖進歐冠聯，最佳成績只是十六強，曼城要想成為歐洲新勁旅，還有待時間的磨練。

曼城隊。| Nike 提供

令人難忘的英超經典大戰

英格蘭超級聯賽雖然僅成立十多年，卻已經有數不完的精彩比賽，當然在眾多的精彩賽事中，總會有令人難忘的經典賽事。説起經典賽事，大部份都是同市的德比戰為主，因為同市球隊，幾乎都是宿敵，德比戰中，每年最激烈的，首推北倫敦德比大戰，兵工廠與熱刺的火拼，每一次對決都相當經典。

太遠的先不談，我們來回憶一下2008－2009年賽季的對決，在2008年10月29日，兵工廠主場與熱刺對戰，開賽不久，經典便開始了，熱刺由兵工廠的棄將本特利（David Bentley）首開記錄，揭開比賽的高潮。兵工廠之後憑西維斯特（Mikael Silvestre）、加拉斯（William Gallas）及阿德巴約（Emmanuel Adebayor）傾力合作，於64分鐘時，已領先至3：1，熱刺頑強反抗，再由本特（Darren Bent）追成3：2。可是一分鐘之後，兵工廠再由范佩西（Robin Van Persie）改寫成4：2，時間一分一秒過去，在法定時間結束前的一分鐘前，兵工廠眼看勝利在望，沒想到熱刺的詹寧斯（Jermaine Jenas）與列農（Aaron Lennon）於比賽結束前一刻接連踢進，追成4：4平手，演繹了這場經典大戰。

雙方在2004年底，也合演了同樣難忘的大戰，兵工廠作客以5：4擊敗熱刺。

熱刺在2008年，在倫敦德比戰中，也曾與切爾西打成4：4，同樣是一場經典大戰。

文 鄭先萌

Chapter7

西甲激情

就最具體的歐洲足聯積分排名（UEFA coefficient）的聯賽積分而言，西甲自從2012年後就超越最受歡迎的英超而獨占鰲頭，截至2014年2月為止，西甲積分達到89570分，領先英超的82320分和德甲的79498分，因此絕對可說是歐洲第一聯賽。

但對於很多愛踢足球的球迷而言，西甲不只是排名第一的聯賽，講求個人盤控、小組流暢傳導的西甲，是他們自小踢球追求的夢幻境地，西甲可說是技術足球的最高殿堂。

這現象不只是在台灣，即使在足球強國德國，年輕球員還是以西甲為目標，對於德國人而言，能去西甲，在皇馬或巴塞隆納（暱稱巴薩）踢球，就好像台灣棒球員登上MLB、在紐約洋基或波士頓紅襪打球一樣，都是站上運動生涯的世界之巔。

民族、足球與分離主義

西班牙地區觀念重，全國分為17個自治區，除了西班牙語是國家語言外，加泰隆尼亞（Catalonia）、巴斯克（Catalonia）和加利西亞（Galicia）等地區，也有個別的官方語言。

其中以加泰隆尼亞和巴斯克地區的「國家」觀念最重，前者目前人口有7百多萬，在西班牙於1469年統一前，一直是獨立王國，即便是統一後的初期也保持自治，直到18世紀被西班牙國王廢止。今天加泰隆尼亞雖已重獲自治，但由於其經濟發展水平遠超西班牙其他地方，該地區人民多認為自己應以獨立身份加入歐盟，就連前巴塞隆納總教練瓜蒂奧拉也是獨立運動的支持者之一。巴斯克地區的分離主義手段則更加激烈，甚至有如巴斯克祖國自由軍（ETA）之流的組織以恐怖手段爭取獨立。

政治上無法實現獨立，足球往往就成為該地區人民獨立情緒的寄託。在目前的西甲聯賽中，巴塞隆納和西班牙人等兩支球會來自巴塞隆納地區，巴斯克地區則有畢爾包競技、皇家社會參戰，兩地區球迷對於俱樂部的支持可說比起西班牙其他地方更加狂熱。

相較起加泰隆尼亞的兩支球會，巴斯克雙強在球員選擇方面是採純血主義、幾乎不用外援，其中皇家社會到1989年開始解禁錄用外國人，而畢爾包競技雖然仍秉持此傳統，但現在已擴大到

西班牙國家隊。

大到巴斯克地區的人均可加入球隊。

加泰隆尼亞地區甚至有自己的代表隊，其成員以效力於巴塞隆納和西班牙人的加泰隆尼亞球員為主，也曾經與其他國家隊交手，但這支球隊始終不被FIFA承認，而且有很多球員同時是西班牙國家隊成員，像是效力於巴塞隆納的皮克、阿爾巴、布斯克斯、法布雷加斯等人，現在都身兼兩個國家隊國腳的身分。加泰隆尼亞代表隊甚至有許多非西班牙籍的「客將」，像是前保加利亞名將史托伊契科夫、還有前荷蘭國腳克魯伊夫（Johan Cruyff），只能說這支國家隊是徒具象徵意義。

王室與賜名「皇家」的球會

有分離主義的地方，當然就有西班牙政府所在的中央。西班牙於16世紀完成統一，馬德里就成為西班牙的首都。

舉世聞名的首都球會皇家馬德里成立於1902年，當時名喚馬德里足球俱樂部，他們在3年後於阿方索13世盃（國王盃前身）中打敗畢爾包競技奪冠而聲名大噪，並很快就得到國王的眷顧，1920年阿方索13世（King Alfonso XIII）賜予皇家（Real）之名，球會的隊徽上面也加上了皇冠。

1931年，西班牙從王政走向共和，球會的名字改回馬德里足球俱樂部，隊徽上的皇冠也被摘除，直到1941年西班牙內戰落幕，又再度回復皇家馬德里至今。

事實上，皇馬不是唯一一支、更不是首支賜名「皇家」的西班牙球會。諷刺的是，第一支被阿方索13世賜名「皇家」的球會，是巴斯克地區的皇家社會，因為皇家社會的根據地聖賽巴斯蒂安，正是西班牙皇室夏季行宮的所在地，因此早在1910年被賜名「皇家」，而「Real」這個稱號，最早也是屬於皇家社會，而

皇家馬德里｜adidas 提供

非皇馬。而現在的西甲另有一支球會冠名皇家，那就是皇家貝提斯，皇家貝提斯在1914年被阿方索13世賜名，也早於皇馬。

皇馬、巴薩共同構築的聯賽歷史

1929年，西甲聯賽由10支隊伍共同成立，而其中皇家馬德里、馬德里競技、巴塞隆納、西班牙人、畢爾包競技、皇家社會、競技桑坦德等7支球會現在依舊是西甲成員。

一開始是一片群雄並起的格局，巴塞隆納捧走首屆冠軍，皇家馬德里奪得32、33年的冠軍，巴斯克的代表畢爾包也贏得30、31、34、36年的聯賽冠軍，三隊也是唯一從未降級的球隊。其中畢爾包競技除了擁有四座冠軍之

巴塞隆納的進攻踢法風靡全球

外，32、33都是聯賽亞軍，可說主宰了草創期的西甲。1937年西班牙發生內戰，西甲也為之中斷，在西班牙第二共和國統治下的加泰隆尼亞、瓦倫西亞地區則是組織了一個「地中海聯賽」，由巴塞隆納奪冠。

西甲從剛開始的10支參賽隊，經過1987年增至20隊，1996年再添兩隊，最終在1997年維持在目前20隊的規模。

1940年代則是群雄並起的格局，馬德里競技、瓦倫西亞、塞維利亞、巴塞隆納都分別有聯賽奪冠的紀錄，但此後西班牙就開始進入了「皇馬+巴薩」統治西甲的時期。

1950年代的西甲，開始有許

多外國出身的球星崛起，像是聯手替皇馬拿下1956－1960年歐冠五連霸的阿根廷「金箭頭」斯蒂法諾和「匈牙利球王」普斯卡斯、以及同是匈牙利出身的巴薩名將庫巴拉（Ladislao Kubala）等，有趣的是，這批球星都曾經替西班牙國家隊效力。皇馬和巴薩幾乎包辦了50年代的所有西甲金盃，1959、1960年巴塞隆納完成二連霸，而陣中的路易斯・蘇亞雷斯・米拉蒙特斯也成為西班牙第一位歐洲足球先生。

1961年至1980年可說是馬德里球會的時代，期間皇馬奪下14次聯賽優勝（包括一次5連霸和兩次3連霸）、而馬競也曾奪下4次聯賽冠軍。而在1977年，西班牙足球乙二級聯賽成立，也讓西班牙「五級聯賽+地方聯賽」的結構就此確立。

1980年代是巴斯克地區球會的輝煌期，皇家社會、畢爾包競技都曾經在此年代奪下二連勝，但嚴格來說，這時代算是西班牙足球的低迷期，在歐洲賽場上，最領風騷的是英格蘭和義大利球會，直至90年代西甲才開始復興。

1988年，荷蘭球王克魯伊夫就任巴薩總教練，開啟巴薩的另一輝煌時代，他率領著瓜迪奧拉、羅馬李奧、米柯爾・勞德洛普、科曼、史托伊契科夫等人組成的夢幻陣容，於1991－1992奪下隊史首座歐冠，1993－1994賽季為止拿下聯賽四連霸，完成一代霸業。

1990年代以降皇馬、巴薩統治西甲聯賽的態勢更加明顯，期間雖然有拉科魯尼亞、馬競、瓦倫西亞等球會輪流挑戰雙雄霸業甚至奪冠，但都未能持久。

90年代末期開始，皇馬開始執行「席丹+帕馮」政策，開啟「銀河艦隊」時代，他們以屢破紀錄的轉會費陸續引進席丹、費戈、羅納度、貝克漢、C.羅、貝爾等超級巨星，搭配上勞爾、卡西利亞斯等俱樂部培養的好手，共同構築豪華而強大的皇馬。他們在2001、2003、2007、2008、2012年五度奪下西甲冠軍，也在2000年、2002年兩奪歐冠。

而巴薩則是走過2000年初期的小低潮，他們一直鴨子划水、放眼長久，將重心放在青訓，而這股能量終究在之後爆發。2005年他們在羅納迪諾的帶領下拿下21世紀以來的西甲首冠，06年則成為西甲、歐冠雙冠王，但這只是巴薩霸業的前奏曲。

2008年瓜迪奧拉就任巴塞隆納總教練，他以梅西、哈維、因涅斯塔、普約爾、布斯克斯、皮克等拉瑪西亞青訓營（La Masia）出身球員為基礎，加之以「Tiki－Taka」戰術，打造出令人聞風喪膽的「宇宙隊」。2008－2009賽季開始，巴薩奪下西甲三連霸、也兩奪歐冠，在瓜帥治下，巴薩一共拿下14座錦標，打破了前輩克魯伊夫的紀錄。

至此，皇馬和巴薩共治西甲的情勢已然成形，除此二者外幾乎無人能染指西甲金盃，而皇馬、巴薩的競爭也被球迷戲稱為「西超聯賽」。但此狀況在2013年之後又有了變化，前阿根廷國腳西蒙尼執教的馬德里競技在此時竄起，形成唯一能影響雙強西甲霸業的第三勢力。

經濟分配不均影響聯賽發展

雖以近年歐戰戰績而言，西甲聯賽可說是歐洲最佳，但在許多經濟數據方面，西甲聯賽是明顯落後給最有人氣的英超聯賽，甚至輸給急起直追的德甲聯賽。

舉例來說，西甲聯賽在2012年的總營收達到16億2200萬歐元，在歐洲五大頂級聯賽中僅名列第三，大輸給英超的24億7900萬歐元不說，甚至只有18支俱樂部的德甲的年度總營收（16億6400萬歐元）也贏過西甲。

而在電視轉播權利金方面，2010－2011賽季的西甲+西乙一共為6億歐元，排在英格蘭（14億歐元）、義大利（10億歐元）、法國（7億歐元）之後（以上均為第一級+第二級聯賽）。2009－2010賽季的西甲總上座人數1075萬人，排在德甲（1300萬人）、英超（1298萬人）之後。2009－2010賽季的西甲門票收入4億6140萬元，排在英超（6億4750萬元）之後。這些數據說明了西甲聯賽在歐洲戰績顯赫，但總經濟收益卻非全歐第一。

但西甲的經濟最大問題並非患寡，而是患不均。上述的收入數據證明西甲收益在歐洲已非最頂尖，但皇馬、巴薩雙強卻是標準的印鈔機，與西甲其他球會差異極大。

2010－2011賽季皇馬、巴薩的營收分別為4億8000萬歐元（歐洲第一）、4億5100萬歐元（歐洲第二）。2009－2010賽季，西甲20隊平均年營收為8200萬歐元，其中皇馬、巴薩為4億歐元左右，而馬競、塞維利亞、瓦倫西亞則是1億歐元左右的水準。

如果把西甲聯賽營收前四名球會的平均營收拿來跟其他球會相比，西甲營收前四強是其他球會的7.1倍，比起義甲的4.1倍、英超的3.6倍有極大差距，更不用比德甲的2.1倍了。

造成這種貧富不均的狀況，有很大一部分是轉播權利金的分配問題。西甲聯賽的轉播權利金雖是整套打包賣，但分配額卻是各自與轉播單位談判，因此造成人氣豪門皇馬、巴薩寡占大半轉播權利金，像是皇馬、巴薩在2010－2011賽季的轉播權利金收入都達到1億8千萬歐元，而剩餘的轉播權利金則是由其他18隊瓜分，雙強與其他俱樂部轉播收入差距之大令人咋舌，這也是造成目前西甲聯賽「雙龍搶珠」生態的主因之一。

其實，許多營收項目固然是看各隊人氣與經營手腕，但像是英超、德甲為顧及各隊發展，至少豪門在轉播權利金方面會有讓步，像德甲聯賽的轉播權利金分配，聯賽第一的球會竟然不過是末位球會的2倍而已。而皇馬、巴薩在收入方面的強勢，當然就完全反應在球員陣容及戰績上了。

兩種極端：破紀錄轉會費與優秀本土青訓

西甲有一個很大特色就是球員轉會費（買進）屢創世界紀錄，至今世界前5多的轉會費全數由西甲創下，包括C.羅的9400萬歐元（皇馬）、貝爾的9100萬歐元（皇馬）、席丹的7500萬歐元（皇馬）、伊布拉希莫維奇的6900萬歐元（巴薩）、卡卡的6500萬歐元（皇馬）。

如果擴大到前15大轉會費紀錄來看，西甲依舊以8次獨占鰲頭，大幅領先英超的3次，義甲、法甲的2次。當然西甲這些高額轉會幾乎都是由皇馬、巴薩所包辦（唯一例外是馬競購買法爾考4500萬歐元，第15名）。

主要原因除了他們的超強經濟能力之外，最主要是西班牙俱樂部的特殊會員制度，由於俱樂部屬於公共財性質的法人，因此皇馬、巴薩的營利幾乎都會被毫不保留地拿來做擴充戰力之用，因此他們往往能拿出破紀錄的轉會費來購買超級球星。

但在2013－2014賽季，即使皇馬買進貝爾、巴薩買進尼馬爾（5700萬歐元），但西甲總轉會支出僅有3億9千7百萬歐元，落後給英超、義甲、法甲，排全歐第四，而且加上轉會收入的話，整個西甲竟然有1億歐元左右的轉會淨收入，足見除了皇馬、巴薩外，大部分的西甲球會根本無力購買身價昂貴的大牌球星。

但西甲聯賽之所以能維持高水準，最主要仍然是因為優秀的青訓系統、以及本土球員的大量晉用。其中著名的巴塞隆納拉瑪西亞青訓營是青訓系統的佼佼者，替巴塞隆納產出了像是梅西、哈維、因涅斯塔、布斯克斯、皮克、法布雷加斯、阿爾巴等優秀青年球員，構築了宇宙無敵的巴薩王朝。

現今皇馬一隊鮮少有自家青訓球員站上先發大位，但皇馬的卡斯蒂亞青訓營（Real Madrid Castilla）其實也非常夠水準，像傳奇前鋒勞爾（經歷過馬競、皇馬青訓）、現任隊長卡西利亞斯都是自家出品，只是俱樂部自銀河艦隊時期以來喜歡重用重金買來的球星，使得皇馬的優秀產品大多成了西甲其他俱樂部的貴重戰力，像是索爾達多、內格雷多、馬塔等許多球員未曾在皇馬一隊大鳴大放，卻在西甲其他俱樂部發光、最終讓許多外國豪門競相追逐。

西甲的另一特色是使用大量的本土球員，2013年西甲本土球員的比例高達59%，領先德甲的50%與英超的31.8%。當然跟西甲大部分球會阮囊羞澀，以及先前提及的部分球會使用地緣關係球員的傳統有關。但這現象卻讓各級別的西班牙國家隊直接受惠、擁有用之不竭的優秀人才，而西班牙近幾年連奪歐國盃、世界盃，也就成了理所當然的結果。

令人難忘的西甲經典大戰

西班牙德比（El Clasico）是球壇最激烈的對賽，由西班牙兩大班霸巴塞隆納對皇家馬德里。1999－2000年球季，巴塞隆納主場迎戰皇家馬德里氣氛之火爆更是罕見，當中的主角是葡萄牙球星菲戈（Luis Figo）。

1999年夏天，巴塞隆納英雄兼隊長菲戈，以破轉會費紀錄的3,700萬英鎊轉投皇馬陣營，成了巴塞球迷極度憎恨的對象。2000年10月21日，菲戈在聯賽賽事重返巴塞老巢諾坎普球場，迎接他的是不絕於耳的噓聲，抬頭望看臺是無數辱的標語，比如猶大、財奴；每次走向場邊，迎面而來的是紙團、硬幣、瓶子、手機。但最經典的是，當他開角球時，天空竟然落下一個烤熟的豬頭。

有意思的是，兩年後馬德里市德比，皇馬門將卡西亞斯（Iker Casillas）也得到同樣待遇，馬德里競技隊球迷將一個豬頭擲到他的背後，他回憶道：「我當時以為是塑膠複製品，後來看到保安拿著的豬頭上還帶著標籤。」唯一不同的是，馬德里競技隊球迷的豬頭是生的，也許是為了看比賽來得太匆忙，沒時間把它烤熟。

文 李弘斌

Chapter8

熱血義甲

整個義大利半島和西西里島，看起來就像是一隻正在踢足球的靴子，熱情的義大利人對足球的熱愛，可說天生就深植在DNA當中。從1929年正式職業化的「義大利甲級足球聯賽」（簡稱義甲，Serie A），就是世界上水準最高的聯賽之一，義甲球隊曾26次打入歐冠盃（現歐冠聯）決賽，為賽事紀錄，防守評價更是全球之最。

義甲目前是歐洲排名第4的聯賽，僅次於西甲、英超與德甲，從2004－2005年起擴軍至20隊的規模，每隊每季進行主客雙循環共38輪的賽事，前3名可以參加歐洲冠軍聯賽，第4名、第5名與義大利盃冠軍參加歐洲聯賽，倒數3隊則被降到義乙聯賽。

小世界盃榮光

義甲過去由於球星薈萃，曾經贏得「小世界盃」的美名。從歷史上來說，義甲球隊共25次打入歐冠盃決賽（現已改制為歐冠聯），次數為各國聯賽之最，並贏得其中11座冠軍。

義甲孕育出尤文圖斯（Juventus）、AC米蘭（AC Milan）和國際米蘭（Internazionale）3支世界聞名的足球俱樂部。其中米蘭是世界上贏得最多國際賽冠軍的球隊之一，尤文則是義大利國內最成功的足球隊，贏得最多的97座義甲冠軍。米蘭和尤文贏得過所有正式俱樂部賽事的冠軍，也是一項紀錄。

1980年代尾聲到1990年代中段，是義甲的全盛時期，從

義｜甲｜小｜知｜識

●義甲冠軍也叫做Scudetto

「Scudetto」在義大利文是「小盾牌」的意思，因為自從1924－195年開始，衛冕球隊會在球衣胸前繡上有義大利綠、白、紅3色的小盾牌標誌。因此，義甲冠軍之爭，也常被稱為問鼎Scudetto。

義甲聯賽以出產優質後衛著稱，盾牌直接讓人聯想到防守，很能呈現義大利足球的特色。被暱稱為「藍衫軍」（Azzurri）的義大利國家隊，球衣上的隊徽通常也是盾牌形狀。國家隊的藍色則是過去義大利皇室的代表色。

●球衣上的星星標誌

在義大利，每10座甲級聯賽冠軍才能在胸前放上1顆星，尤文圖斯擁有29冠，是唯一能在隊徽上放2顆星星的隊伍，AC米蘭和國際米蘭則各擁有1顆。

義大利除了上述的「北方三雄」之外，沒有其他球隊的聯賽冠軍達到兩位數，排名第四的熱那亞也只有9冠，迄今還沒有第四支隊伍能在胸前放上星星。

●義大利的德比戰

在義大利足壇最有名的同城德比戰，主要有AC米蘭與國際米蘭的「米蘭德比」、尤文圖斯與杜里諾的「杜林德比」、AS羅馬與拉齊歐的「羅馬德比」，以及熱那亞與桑普多利亞的「燈塔德比」。

尤文和國米是上個世紀義大利足壇成績最輝煌的兩支勁旅，從1967年起開始有「義大利德比」（Derby d'Italia）的美譽。羅馬vs.拿坡里被稱作「南方德比」或「太陽德比」，佛羅倫斯和波隆納隔著亞平寧山脈相望，被稱為「亞平寧德比」，近年來巴勒摩和卡塔尼亞的「西西里德比」也很有看頭。

1988－1989年到1995－1996年8個賽季之間，義甲球隊竟有連續5年、總共7次打入歐冠盃決賽，傲視全歐。其中AC米蘭在「荷蘭三劍客」范巴斯頓（Marcel van Basten）、里卡德（Frank Rijkaard）、古力特（Ruud Gullit），與鐵衛巴雷西（Franco Baresi）、馬迪尼（Paolo Maldini）的帶領下，5次打入決賽、3度封王，當時更被稱為歐洲的「夢幻隊」。

義甲球星薈萃，歷來共有14位球員在效力義甲期間、榮膺多達18次的歐洲足球先生，人數和次數之多為各國聯賽之最。此外，從1991年開始選拔「世界足球先生」以來，馬泰斯（Lothar Matthäus）、范巴斯頓、巴吉歐（Roberto Baggio）、威亞（George Weah）、羅納度、席丹、卡納瓦羅（Fabio Cannavaro）和卡卡（Kaka）等超級球星，都是在效力義甲時榮膺世足先生，人數和次數僅次於西甲。

假球案打擊與挑戰變革

憑藉著堅實的防守與反擊打法，義甲的小球隊常能讓豪門踢到鐵板，上演「小蝦米吃大鯨魚」的戲碼。曾經帶領葡萄牙的波圖（Porto）贏得歐冠、也待過英超切爾西的國米教頭穆里尼奧（José Mourinho）就說，在義大利同時贏得國內聯賽和歐冠的難度高於其他國家，義甲各球隊的實力相近、冷門頻傳，是球賽好看的原因之一。

然而，在歐洲賽事愈來愈受重視的情況下，義甲豪門也常抱怨得與小球隊分享轉播權利金的制度，讓他們無法和其他聯賽的強權競爭，導致近年來在歐戰的成績大不如前。

走過小世界盃的輝煌時期，義甲近年確實不若往昔風光，除了轉播權利金的分配方式，義大利本身經濟狀況不佳，許多俱樂部財務困窘，太過注重防守與績效的打法，以及球場均為公有、設備老舊等問題，都會影響比賽精采度與觀眾入場意願，需要改革的問題很多。

此外，義大利足壇也像惡名昭彰的政局一樣，存在弊端。2006年5月爆發被稱為「電話門」的義大利假球案，尤文圖斯、AC米蘭、佛倫提那（Fiorentina）、拉齊歐（Lazio）和雷吉納（Raggina）等球隊高層涉嫌操縱裁判控制比賽結果，處於風暴核心的尤文遭到最嚴厲的降級處分，也大大打

尤文圖斯｜Nike 提供

擊了義甲的形象。

義甲重要球隊簡介

尤文圖斯

尤文圖斯成軍於1897年，位於義大利北部的工業重鎮，也是飛雅特汽車的故鄉杜林。尤文圖斯以黑白相間的球衣為代表，使得他們被暱稱為「斑馬軍團」（Bianconeri）。而「Juventus」在義大利文是「老婦人」的意思，也成為他們的另一個綽號。

尤文的球風硬朗而實際，一直是義大利足壇最有效率的球隊之一，也是義甲的第一豪門，擁有傲視群倫的29座聯賽冠軍，使他們可以在胸前驕傲的放上兩顆星星。此外，尤文擁有9座義大利盃冠軍，和羅馬（AS Roma）並列第一，也曾於1985及1996年兩度稱霸歐冠。

事實上，尤文原本只差一步，就能在胸前放上第三顆星星，但在2006年所爆發的假球案中，前尤文總經理莫吉（Luciano Moggi）卻是介入最深的首腦人物，不僅讓尤文被追繳回兩座冠軍，還破天荒的第一次被降到乙級聯賽，遭受重創。

尤文在義乙只待了1季，就於2007年回到義甲賽場，不過眾多球星在假球案爆發後離開，也讓尤文元氣大傷，直到2012年才重溫聯賽冠軍滋味。

杜林也是擁有最多義甲桂冠的城市，除了贏得29冠的「斑馬軍團」尤文圖斯之外，「公牛」杜里諾（Torino）也曾7度稱霸義大利足壇，斑馬和公牛總共奪得36冠，和米蘭雙雄的36冠平分秋色。

AC米蘭與國際米蘭的聖母德比

生在「時尚之都」米蘭，對足球迷來說絕對是最幸福的事。能夠孕育出AC米蘭和國際米蘭這兩支勢均力敵、又都具有全球知名度球隊的偉大城市，放眼全球也只有米蘭而已。

米蘭雙雄總共贏得36座義甲冠軍、10座歐冠、6座豐田盃（含改制後的俱樂部世界盃）與12座義大利盃冠軍，雙雄的對決被稱為「米蘭德比」（Milan Derby）或「聖母德比」（Derby della Madonnina），意指連米蘭大教堂的聖母瑪利亞，都會關心德比的勝負。

1899年成立的「米蘭曲棍球與足球俱樂部」，為AC米蘭的前身。1908年，俱樂部因為延攬洋將的議題而造成分裂，出現了國際米蘭，也開啟了「米蘭德比」的序幕。

米蘭的暱稱是「紅黑軍團」（Rossoneri）或「紅魔鬼」，紅色召喚魔鬼、黑色召喚恐懼；國米則以天空的藍色與夜晚的黑色為代表，被稱為「藍黑軍團」（Nerazzurri）。

原本國米球迷以白領階級為主，米蘭則是藍領階級的最愛，獲得工會和南義移民的勞工支持。但近年來米蘭的老闆是義大利前總理貝魯斯科尼（Silvio Berlusconi），國米主席則是中間偏左的石油大亨莫拉提（Massimo Moratti），使雙方支持者的階級界線逐漸淡化。唯國米已於2013年9月賣給印尼商人托希爾（Erick Thohir）。

在尤文因假球案遭到降級處分後，國米成為義甲唯一一支不曾遭到降級的隊伍，他們和尤文的對決則被稱為「義大利德比」。1960年代是國米的全盛時期，曾於4年內3度稱霸義甲，被稱為「大國米時代」（La Grande Inter，The Great Inter），並於歐冠盃連勝皇家馬德里與葡萄牙的本菲卡（Benfica），締造二連霸。

80年代晚期到90年代，則換AC米蘭笑傲江湖，包括6年間拿下4座義甲冠軍及兩座亞軍，締造連

AC米蘭。｜adidas 提供

續58場義甲賽事不敗的紀錄，及寫下7年內5次打入歐冠決賽、3度封王的偉業。米蘭曾經贏得7座歐冠、3座豐田盃與1座俱樂部世界盃，是國際戰功最彪炳的義大利球隊。

國米在假球案後遞補尤文在06年的冠軍，中止無緣義甲桂冠16年的黑暗時代，也趁勢主宰接管義大利足壇，2010年不但締造隊史首次的義甲四連霸，還拿下義甲、歐冠與義大利盃「三冠王」，並在該年底稱霸俱樂部世界盃，成就幾已超越上世紀的「大國米時代」。

羅馬與拉齊歐

AS羅馬成軍於1927年，傳說中羅馬城的創建者，是靠母狼的奶水餵養才能長大，AS羅馬的隊徽也和義大利的首都一樣，以狼的圖案為代表，使他們也被稱為紅狼Lupi。另外，因為球衣的顏色關係，他們也有「黃紅軍團」

國際米蘭。｜Nike 提供

(Giallorossi)的綽號。羅馬與同城隊伍拉齊歐的德比大戰，則是義大利最劍拔弩張的對決之一。

羅馬總共拿過3座義甲聯賽冠軍，次數無法和北方三雄相比，但他們卻有一項傲人的紀錄，僅於1951年被降級過一次，只遜於從未降過級的國際米蘭。當時他們很快的回到甲級，並在1961年贏得國際城市博覽會盃冠軍，也就是歐洲足聯盃的前身，他們也拿過9次的義大利盃冠軍。

拉齊歐成軍於1900年，曾經拿過兩屆義甲聯賽冠軍，是一支以古代奧運精神為中心信仰的綜合運動俱樂部，涉足多達37個運動項目，為歐洲俱樂部之最。而夏季奧運會發源於希臘雅典，也使拉齊歐選擇了代表希臘的白色和天藍色為標誌，被稱為藍白軍團(Biancocelesti)。

拉齊歐的隊徽上有吉祥物老鷹，這則是古代羅馬軍團的標誌，希望他們能有戰士般的拚戰精神，「藍鷹軍團」(Aquile)也成為拉齊歐的另一個暱稱。

佛倫提那

佛羅倫斯，也就是徐志摩筆下的翡冷翠，可說是地球上最美麗的城市之一。而這個美麗而熱情的城市，儘管人口不到40萬人，卻也擁有一支激情四射的足球隊－佛倫提那。

佛倫提那成軍於1926年，在1929年義甲成立之後，佛倫提那就選擇了顯眼的紫色為主場戰袍，使得他們被稱為「紫衫軍」(Viola)。此外，佛倫提那的隊徽上有代表佛羅倫斯的紅色百合花標誌，也有「百合」(Gigliati)的暱稱。

美麗的佛羅倫斯曾經吸引無數的球星駐足，近代就有著名的「馬尾辮」巴吉歐與阿根廷射手巴提斯圖塔(Gabriel Batistuta)。他們在上個世紀贏過兩屆義甲、6座義大利盃與1座義大利超級盃冠軍，並於1961

年拿下歐洲優勝者盃冠軍，可惜在歐冠盃和歐洲足聯盃都功虧一簣，只各獲得1座亞軍。

佛倫提那在2002年曾因負債5000萬美元而宣告破產，暫時改名並從第四級的丙二級聯賽打起，結果紫衫軍剛好搭上義甲擴軍的便車，只花2年就回到了頂級聯賽。

熱那亞與桑普多利亞

熱那亞是義大利的第一大港，與僅次於法國馬賽的地中海第二大港。熱那亞港口的燈籠塔（Torre della Lanterna）是世界上最古老的燈塔之一，則從二戰後開始見證熱那亞（Genoa C.F.C.）與桑普多利亞（Sampdoria）的同城大戰，兩軍的對決被人們稱為「燈塔德比」（Derby della Lanterna）。

熱那亞成軍於1893年，是義大利歷史最悠久的足球俱樂部。在義大利足球聯賽在1929年改為升降級的現制之前，熱那亞曾9度贏得聯賽冠軍，僅次於尤文、米蘭和國米的「北方三雄」，但在義甲時期他們從未嚐過香檳滋味，僅於1937年拿到1次義大利盃冠軍。

桑普多利亞的歷史沒有熱那亞悠久，近年來的成績卻較為出色。他們曾於1991年贏得唯一的義甲冠軍，隔年還打入歐冠盃決賽。

拿坡里

建城2500年歷史的拿坡里（Napoli，英文為那不勒斯Naples），是義大利南部的第一大城，也是僅次於米蘭和羅馬的第三大都會區。但南義雖然人口眾多，經濟狀況卻普遍不佳，職業足球幾乎都由北方城市所主導，拿坡里則是南方少數的驕傲。

1980年代末期，拿坡里在「阿根廷戰神」馬拉度納（Diego Maradonna）的帶領下，贏得了隊史迄今僅有的兩座義甲冠軍，

1988－1989賽季，他們甚至舉起了歐洲足聯盃冠軍，那是拿坡里隊史最風光的時代，拿坡里也把馬拉度納的10號球衣永久退休。

根據義大利權威媒體《共和報》的調查，拿坡里擁有全國約9%的球迷支持，為義大利第四受歡迎的足球隊。

拿坡里的球迷向以狂熱著稱，即使2004年球隊因為破產被降到丙級，還締造51000人的票房紀錄。能夠容納6萬名觀眾的主場聖保羅球場，也常常讓來訪的北方豪門踢到鐵板。

令人難忘的義甲經典大戰

拉齊歐vs.國際米蘭——2010年5月2日

經典的足球賽很多，但死忠球迷賽前公開呼籲球隊輸球，後來當他們真的在主場落敗的那一刻，現場觀眾竟然起立歡呼。如此詭異的比賽，就是2010年5月2日、在羅馬奧林匹克運動場所進行的拉齊歐對國際米蘭之役。

是役為義甲該季第36輪、也是倒數第3輪的比賽，AS羅馬前晚以2比1力克帕馬，暫以1分領先國際米蘭，但他們需要同城的拉齊歐絆住國際米蘭，才能保住龍頭甚至奪冠，特別是國際米蘭最後兩輪已無硬仗。

然而，拉齊歐球迷不想贏這場球，或者說，他們不想幫羅馬贏這場球。在足球世界，同城隊伍間的敵意超乎想像，而且就在兩週之前的首都德比大戰，羅馬球迷才狠狠羞辱了拉齊歐。他們製作了大拇指向下的加油標誌，暗指「拉齊歐降級」，尤有甚者，「羅馬王子」托提賽後還去附和球迷，猛比大拇指向下的動作。

羅馬要爭冠，想贏無可厚非，卻還詛咒拉齊歐降級，實在是「吃人夠夠」。怎知現世報來得很快，兩週後換羅馬要拜託拉齊歐，球迷才不領情。況且拉齊歐保級局勢已穩，球迷索性公開呼籲他們輸球，捅羅馬一刀。

拉齊歐最後以0比2輸給國際米蘭，主場球迷歡聲雷動。羅馬方面猛批「醜陋」，拉齊歐教練則表示主場球迷不挺自家人，多多少少影響了球員心情，拿不出鬥志。但這也是拉齊歐咎由自取，從義大利盃冠軍到差點在聯賽降級，這一季他們的糟糕表現，早已讓球迷失望透頂，喝倒采剛好而已。

文 黃天佑

Chapter9

德甲風雲

德甲起源

一般球迷或者不熟悉足球的朋友，聽到德國足球，印象多半停留在1970－1990年代，那是德國足球盛極的時光，自1970至1990年的6屆世界盃，當時的西德在1974年以地主身分高舉世界盃，1982和1986獲得亞軍，70則是第3名，只有在1978年的阿根廷世界盃打完兩輪小組賽未能進4強而提前出局。1990年仍以西德名義參賽的德國人，在義大利捧起隊史第3座世界盃冠軍，以光榮的勝利慶祝祖國在1989年完成兩德統一的偉業。

國家隊戰績輝煌，當然和國內聯賽蓬勃發展息息相關。

在德甲成立以前，全國最高等級的賽事是德國錦標賽（Germany Championships），由各州的優勝隊伍參加淘汰制的全國錦標賽，在中立場地舉行一場決賽定出冠軍。在納粹德國期間，奧地利和捷克的球隊也曾參與德國錦標賽，而奧地利目前國內最高等級的足球聯賽也稱為Bundesliga。

德國在1954年首嘗世界盃冠軍滋味，但接下來的兩屆世界盃都未能打進決賽，1962年智利世界盃甚至在8強止步。但隨著全國的職業足球聯賽建立以後，1966年的英格蘭世界盃再次闖進決賽，直到加時才被英格蘭以一記有爭議的進球，最終2：4飲恨，未能二度登基。

德甲賽制

德甲自1992－1993賽季開始正式確立為18隊參賽，賽季由每年的8月至隔年的5月。原先規定，每個賽季結束，總積分排名最後3名的球隊降級到德乙聯賽，但在2008－2009賽季略作修改，最後兩名降級，倒數第3名與德乙第3名球隊進行主客兩回合制的附加賽，勝方獲得下賽季的德甲參賽資格。

年度總積分除了決定冠軍歸屬外，也關係到歐洲賽事的參賽名額。前4名球隊可參加歐洲冠軍聯賽，第5、6名和德國盃冠軍（如果冠軍隊已憑聯賽排名取得歐洲賽事資格，則由亞軍遞補，如果亞軍情況相同，則轉給沒有取得歐洲賽事名額的聯賽最高排名球隊）則參加歐洲聯賽。

拜仁霸業

德甲流傳著一句玩笑話：每個賽季爭冠的球隊只有兩隊，拜仁慕尼黑與其他。

拜仁當然不是每個賽季都能奪冠，但毫無疑問，這支來自巴伐利亞的球隊，是德國以至全歐洲最成功的俱樂部之一。

拜仁創立於1900年，成立初期並沒有被允許加入德國足協，直到1910－1911賽季才加入當時新成立的巴伐利亞地區聯賽，並贏得冠軍。但拜仁在1931－1932賽季才首嘗全國冠軍的滋味，這也是在德國錦標賽時代，拜仁唯一的全國冠軍。

穆勒是在拜仁慕尼黑成長的球員。｜adidas 提供

1963年全新的德甲創立，拜仁甚至沒有被選入成為16支參賽隊伍之一，原因是當時的德國足協在每個城市最多只會挑選一支球隊，拜仁在前一年的南方聯賽獲得第3名，而同城的另一支球隊1860慕尼黑則是冠軍，因此拜仁成了遺珠，直到2年後德甲擴編為18隊，拜仁才得以順利升級，並掀起一發不可收拾的拜仁風暴。

拿姆是拜仁慕尼黑的隊長。｜adidas 提供

拜仁當時以年輕的天才組成一支銳不可擋的勁旅，陣中包括後衛碧根鮑華、射手穆勒以及職業生涯從一而終的門將邁耶，這3名球星不僅經歷拜仁第一個世代的輝煌，也同時為德國舉起了1974年的世界盃冠軍。

拜仁在1965－1966賽季升上德甲後，前兩個賽季都搶下德國盃冠軍，而首座的德甲冠軍也沒有等太久，1968－1969賽季拜仁以46分（當時的勝場績分只有2分）遙遙領先排名第2的亞琛多達8分，正式開啟了拜仁王朝。

德甲自1963－1964賽季至今共47屆（包括2009－2010賽季，但冠軍仍未定），拜仁奪取了其中的20屆冠軍，幾乎接近一半，近10個賽季拜仁更贏得過半數的6屆冠軍，其中5個賽季更成為德甲和德國盃的雙冠王，足以證明「拜仁與其他」的玩笑話並非全無道理。

拜仁如果只在國內稱霸，又

怎能稱得上是全歐洲最成功的俱樂部之一？1966年稱霸德國盃，拜仁獲得了參加下賽季歐洲優勝者盃的資格，結果一路殺入決賽，歷經加時以1：0擊敗蘇格蘭格拉斯哥流浪者，第一次在歐洲賽事亮相即帶回冠軍獎盃。

除此以外，拜仁也曾贏得1屆歐洲足聯盃以及4屆歐洲冠軍聯賽（前身為歐冠盃）的錦標，是史上第4支囊括3大盃賽的歐洲豪門之一。

拜仁在90年代初期被戲稱為「歐洲好萊塢」，原因是在特拉帕托尼（Giovanni Trapattoni）和雷哈格爾（Otto Rehhagel）接任總教練期間，拜仁四大皆空毫無所獲，而當時的球員經常因為八卦緋聞登上新聞版而不是體育版，因此獲得了這個封號。

拜仁近年來經常從其他球隊強勢挖角，以充實本身的實力，使得球隊星光熠熠，也堪稱為「德甲好萊塢」。2012－2013賽季，更獲得了四冠王。

德國足球文化

人們對德國足球的印象，一般來說都是堅毅不屈、務實以及像機器一樣完美運作，這恰如其份地詮釋了日耳曼人的核心精神。

在國際足球的歷史上，德國人一次又一次為我們留下了身負重傷但打死不退的畫面，深深震懾每一個球迷的心靈。

「德國足球皇帝」碧根鮑華在1970年世界盃準決賽，對壘義大利被對手踢斷鎖骨，由於已用完兩個換人名額，碧根鮑華作為隊長和精神領袖，絕不輕易言退，他纏上繃帶戰鬥至最後，雖然經過加時以3：4落敗，碧根鮑華與日耳曼民族，已經贏得全世界的尊敬。

「德國轟炸機」穆勒在1974年世界盃決賽忍著身上的傷痕累累，仍堅持在國人面前踢完全場，並且幫助德國隊打進了反敗為勝的致勝入球。

1996年歐洲國家盃決賽，德

國由於傷停因素只剩14名球員可用，克林斯曼還要帶傷上場，替補門將卡恩還作為後衛坐在板凳區，但就是這樣一支殘破的德國隊，在決賽憑著比爾霍夫（Oliver Bierhoff）加時的「黃金入球」，以2：1氣走捷克奪冠。

日耳曼人就是如此的剛毅勇敢，為追求榮耀不惜一切。

德國是工業化生產的大國，雖然起步比英美要晚，但經過學習和引進技術，到了20世紀已經在歐洲首屈一指。工業化就是以機器取代人力，使得所有的製成品都內外一致，完美無瑕。德國人的足球正如同他們的工業化一樣，強調的是整體，是精準傳接中所飽含的睿智，足球在德國人的腳下不是個人技術的賣弄，而是集體的協奏曲。雖然沒有南美人的即興發揮、沒有法國人的浪漫熱情，但德國人用鋼鐵的意志，貫徹團隊精神，打造日耳曼人堅毅執著的足球精神。

德國足球很早就對全世界開放，尤其是亞洲市場。早在70年代，香港就已經有德國足球賽事的轉播，當時德國足球是全世界最好的聯賽，日本和南韓旅歐的先驅奧寺康彥與車範根，都在70年代末期加盟德甲聯賽。當時全亞洲都掀起學習德國足球的風起，日本、南韓、中國、香港以及台灣，都曾向德國足球取經。

德甲重要球隊簡介

慕森加柏

慕森加柏近年來都在德甲和德乙聯賽中浮沈，但在70年代卻是與拜仁慕尼黑齊名的歐洲強隊，可惜礙於球場容量太小以及財力有限，到了80年代初不得不出售球員挽救球隊。

慕森加柏在2004－2005賽季搬遷至可容納54,000人的普魯士公園球場，雖然球隊仍在2006－2007賽季的德甲墊底，但2007－2008賽季以德乙冠軍的身分再度重返德甲。

德國總是給人堅毅不屈的印象。｜adidas 提供

達不來梅

文達不來梅創隊年份比拜仁還要早，也是1963年德甲成立的創始會員，1964－1965賽季就首奪聯賽冠軍。但不來梅並沒有持續成為一支頂級豪門，1979－1980賽季甚至以德甲倒數第2名的成績降入德乙。傳奇教練雷哈格爾（Otto Rehhagel）這時候來到了不來梅，一個賽季就成功帶領不來梅重返德甲，並且展開邁向巔峰之路。從1988－1995年期間，不來梅是德甲中僅次於拜仁最成功的球隊，1987－1988賽季更以德甲史上最少失球數22個的紀錄（直到2007－2008賽季才被拜仁打破），隊史第2次拿下德甲冠軍。近年，不來梅的成績平平，但2008－2009賽季拿下德國盃冠軍，並且在末代的歐洲足聯盃打進決賽獲得亞軍。

漢堡

漢堡是德國歷史最悠久的足球俱樂部之一，自第一次世界大戰後，漢堡從未缺席任何一屆的德國頂級聯賽，也是德甲在1963年成年以來，唯一參與每一屆並且不曾降級過的球隊。漢堡曾經贏得過歐冠盃，是德甲僅有3支稱霸歐洲的球隊之一，但漢堡國內的戰績並不算輝煌，在德甲時代只贏過3屆冠軍，最近一屆已經是1983年的前塵往事。

多特蒙德

位於魯爾區的多特蒙德，1997年曾經贏得歐洲冠軍聯賽錦標，是除拜仁外，近年來唯一稱霸歐洲的德國球隊，而且，連續於2010－2011及2011－2012兩個賽季，連奪兩屆德甲冠軍，也在2012－2013賽季打進了歐冠決賽。

與另一支同區球隊沙爾克04的比賽，被稱為「魯爾區德比」，是德甲歷史最悠久、競爭也最激烈的德比大戰。多特蒙德的主球場可容納超過8萬人，是全德國最大的足球場。

斯圖加特

斯圖加特是近10年來少數能阻止拜仁壟斷德甲冠軍的球隊之一，2006－2007賽季直到倒數第2輪才超越沙爾克04，最終以2分的優勢贏得隊史第3座德甲冠軍，沙爾克則與隊史首冠擦身而過。

德甲小常識

●Bundesliga

德國甲級足球聯賽成立於1963年，德文名稱為Fuball－Bundesliga，其中的Bundesliga意思是「聯邦聯賽」，在德國所有體育賽事最高等級的聯賽都稱為Bundesliga，但Bundesliga也可專指德國甲級足球聯賽。

●東德球隊

東西德自1989年完成統一，兩德的頂級足球聯賽也在1991－92賽季正式合併，贏得1990－91賽季末代東德聯賽冠軍的漢莎羅斯托克，也在隔年參加了全新的德甲聯賽。但由於財政因素，前東德的球隊體質較弱，比較不具競爭力，近年來曾經出現在德甲聯賽的前東德球隊，只有羅斯托克和科特布斯兩隊。

2008－2009賽季斯圖加特到最後一輪仍有奪冠希望，但最終不敵拜仁，而沃夫斯堡也大勝不來梅贏得隊史首冠，斯圖加特最終獲得第3名，也拿到參加歐冠聯的資格。

令人難忘的德甲經典大戰

拜仁慕尼黑vs.文達不來梅——2008年9月20日

德甲經典賽事不少，遠的不說，如果從近幾個賽季挑選，2008/09賽季拜仁慕尼黑在主場2：5慘敗給文達不來梅，堪稱經典中的經典。

當時拜仁由前德國國家隊總教練，有「金色轟炸機」美譽的一代射手克林斯曼（Jürgen Klinsmann）執教，克林斯曼職業球員生涯光輝燦爛，德甲冠軍、歐洲足聯盃冠軍、世界盃和歐洲國家盃冠軍，但作為教練，06年德國世界盃率領地主隊打進4強已經是最好的成績，重返拜仁執教甚至留下了一個爛攤子。

拜仁在08－09賽季起步不佳開季2連平，直到第3輪才取得首勝，但2連勝後迎來了隊史在遷往安聯球場後最慘的敗仗。

08年9月20日的第5輪賽事，拜仁在主場迎戰不來梅，由於前一輪作客3：0大勝科隆，克林斯曼沿用了勝利的3－5－2陣式，只是稍稍把施衛因史泰格（Bastian Schweinsteiger）推前，以支援托尼（Luca Toni）和波多爾斯基（Lukas Podolski）兩名前鋒。但3名中後衛轉身慢的缺點被不來梅完全掌握，上半場就由羅森貝里（Markus Rosenberg）與納爾多（Naldo）各進1球，2：0領先拜仁，值得一提的是，兩球都是小將厄齊爾（Mesut zil）的助攻。

克林斯曼下半場急忙變陣，換下後衛范拜頓（Daniel Van Buyten）和右中場里爾（Christian Lell），換上防守中場博羅夫斯基（Tim Borowski）與右後衛奧多（Massimo Oddo），將拉姆（Philipp Lahm）回撤踢左後衛，變回慣常使用的4－4－2陣式（拜仁直到賽季結束都未再嘗試3後衛）。

但兩球落後的拜仁急於進攻，反倒被狀況甚佳的不來梅連進3球，進球者分別是厄齊爾、皮薩羅（Claudio Pizarro）和羅森貝里。0：5落後的拜仁，直到最後20分鐘，才由從不來梅轉隊過來的博羅夫斯基踢進聊勝於無的2球，稍稍挽回一點顏面。

克林斯曼在09年4月27日遭到解僱，由海因克斯（Jupp Heynckes）擔任35天的救火員，結果拜仁最後5輪4勝1和，只差沃夫斯堡2分未能逆轉奪冠。拜仁上賽季輸了7場比賽，全部記在克林斯曼頭上。

Chapter10

浪漫法甲

浪漫法甲

文：艾力

法甲成立於1932年，二戰期間法甲一度暫停，球迷習慣將法甲與英超、西甲、義甲、德甲並稱為歐洲五大聯賽，這是歐洲整體水平最高的五個聯賽，全球絕大部分的著名球星均在這五大聯賽效力。

法甲近年沒有霸權

法甲歷史上，並沒有出現長期稱霸法甲的球隊，不像義甲有尤文圖斯、西甲有皇家馬德里、巴塞隆納、德甲有拜仁慕尼黑這樣在百年歷史上長期處於鼎盛期的球隊。

聖埃蒂安、馬賽、里昂均只是在短期內處於巔峰期，由於聯賽的整體水平不如其他歐洲四大聯賽，且薪水吸引不了頂級球星，法甲球隊往往留不住陣中的頂級球星，一度陣容鼎盛的馬賽、里昂在巔峰期過後，陣中的大量球星轉會去了其他聯賽的豪門俱樂部，球隊的實力隨之大幅下滑。

而法甲堪稱球星加工廠，目前在切爾西表現搶眼的比利時國腳阿紮爾（Eden Hazard）成名於法甲球隊里爾，但里爾整體實力有限，無法給阿紮爾提供更大的表演舞臺，轉會去切爾西後，阿紮爾得以在更高水準的賽事中進一步提升自己。

德羅巴曾在法甲效力多個賽季，但直到轉會至切爾西，才得以被更多球迷所熟知，在英超、歐洲冠軍聯賽的賽場上，德羅巴得以成長為足壇的頂級球星。

席丹在離開波爾多後，先後效力尤文圖斯、皇家馬德里這樣的豪門，這才得以達到個人職業生涯的巔峰。法甲往往是球星前往歐洲豪門俱樂部效力的跳板，一旦在法甲有搶眼表現，便有了轉會去豪門俱樂部的契機。

法甲新晉豪門

但近幾年，隨著卡達財團收購了巴黎聖日耳曼、俄羅斯富豪收購摩納哥俱樂部，引援資金充足的這兩支球隊在轉會市場上頻頻拋出大手筆，用高額的薪水與鉅額的轉會費引進了眾多球星，球隊的陣容在短期內迅速增強，在未來的幾個賽季，不出意外，法甲的爭冠格局將是巴黎聖日耳曼與摩納哥這兩強爭霸。

20支法甲球隊的分佈頗具特色，除摩納哥是位於摩納哥公國外，本賽季法甲其餘19支球隊分佈在法國的東西南北。

法甲堪稱非洲球員的天堂，由於法國曾在非洲擁有大片殖民地，法甲往往成為非洲球員前往歐洲效力的首選，目前在法甲效力的非洲球員為數眾多，而不少出生於非洲的球員、非洲移民的後代更是成為了法國國腳，這從目前法國國家隊陣中黑人球員為數眾多便可見一斑。

當非洲國家盃開打時，由於非洲各國徵召球員參賽，大批非洲球員也集體缺席多輪法甲聯賽，被抽調走多名球員，這令眾多法甲俱樂部頭疼不已。

不少著名的非洲球星正是在法甲成名，隨後轉會前往英超、西甲等聯賽的豪門俱樂部，比如德羅巴便是從馬賽轉會去切爾西，埃辛從里昂轉會去切爾西，1995年歐洲金球獎得主維阿（George Weah）在法甲成名，之後從巴黎聖日耳曼轉會去了AC米蘭。

法甲雙雄

文：野火

什麼是法國最受歡迎的運

法國國家隊。｜Nike 提供

動？根據法國知名市調公司Ipsos於2013年11月1號到5號的一項抽樣調查，足球是法國最受歡迎的運動。30%的受訪者表示對足球有興趣而有14%的受訪者表明了他們對足球的死忠熱愛。排名在足球之後最受歡迎的運動分別是網球22%（死忠球迷占7%）與橄欖球20%（死忠球迷占8%）。

法甲比歐冠更受歡迎

那在法國人心中什麼是最受關注的聯賽呢？以這項市場調查為基礎針對5000名足球愛好者的問卷回答，我們可以看到有68%的球迷經常性的在關注法甲，這超越了關注歐冠（65%），法國盃（63%），歐洲聯賽（50%）的球迷。或許大家會認為關注法乙聯賽的法國人會少很多，確實喜歡法國乙級聯賽的球迷只占了30%，即便如此，喜好法乙的法國人比例仍然比關注歐洲其他頂級賽事的球迷還要多。喜好英超的球迷只占了30%，西甲球迷27%。由市調可見法國球迷對於本土聯賽的支持以及熱愛。

超級巨星伊布

法國人雖然如此支持自己本國聯賽，但是根據問卷調查結果，最受歡迎的法甲球星卻不是法國人，而是在巴黎聖日耳曼PSG的瑞典前鋒伊布拉希莫維奇（Zlatan Ibrahimovic）。

伊布以69%的市調率遠遠超過其他法甲球星們。僅次於伊布的是在摩納哥踢球的哥倫比亞前鋒法爾考（Radamel Falcao）27%，伊布在巴黎聖日耳曼的烏拉圭前鋒搭檔卡瓦尼（Edinson Cavani）20%以及馬賽中場小巨人華貝拿（Mathieu Valbuena）19%。

如同法國知名世界的藝術發展一樣，法國人雖然重土愛鄉，卻不會因此排斥外國人在法國本土的發展，相對的法國人對於技藝精湛的外國人，從來不吝惜報以熱烈的掌聲。

如同音樂界的波蘭人蕭邦，繪畫界大師西班牙人畢卡索、米羅等…無數的藝術家們皆是在法國發跡成名。

足球場上不外如是，儘管因為法國稅賦較重的關係，所能支付的薪資對於許多優秀外國球員誘因不大，然而對法國本土球迷而言，外來球星在本地，都會受到相當的支持與鼓勵。伊布，在法國已然是眾所矚目的超級巨星。

第二豪門：ＡＳ摩納哥

AS摩納哥曾經在現任法國教練德尚（Didier Deschamps）的

巴黎聖日耳曼。｜Nike 提供

帶領之下，於2004年奪得歐洲冠軍盃亞軍。而後在05年德尚與球團不合出走的情況下，球隊走向下坡。

2010－2011賽季，由於表現不濟，摩納哥在時隔35年後不幸降級法乙。

所幸很快的在2011年12月摩納哥獲俄羅斯富豪雷波諾列夫（Dmitry Rybolovlev）的金援資助，解決財政問題。並於上個賽季獲得法乙冠軍升回法甲。

2013－2014賽季升上法甲的摩納哥在俄羅斯老闆支持下招募了不少頂級球員，如，從里斯本競技買來中場好手莫尼蒂奧（João Moutinho）2,500萬歐元，波圖買來詹姆士羅德里格茲（James Rodríguez）4,500萬歐元，從馬德里競技買來法爾考（Radamel Falcao）6,000萬歐元，並透過免費自由轉會吸收了法國中場國腳圖拉朗（Jeremy Toulalan），前巴薩後衛阿比達爾（Eric Abidal），與前皇馬後衛卡瓦略（Ricardo Carvalho）。

這些重量級的收購很快的讓

摩納哥在回到法甲的第一個賽季就衝入法甲前段班，目前在巴黎聖日耳曼之後排名第二。今年冬季轉會市場上，摩納哥向英超球隊富勒姆租借保加利亞球星貝爾巴托夫（Dimitar Berbatov）六個月，在法爾考受傷之際加強鋒線上的硬度，繼續直追巴黎聖日耳曼。

關於AS摩納哥

相信很多球迷會以為AS摩納哥是一支法國的職業球隊，然而正確的說法是，AS摩納哥（Association Sportive de Monaco Football Club）是摩納哥公國的一支職業足球俱樂部，也是摩納哥公國唯一一支職業足球俱樂部。

摩納哥公國（Principauté de Monac），是世界上第二小的國家（僅次於梵蒂岡）。居住人口約三萬多人，公民數僅僅只有6,000多人。摩納哥公國是一個君主立憲國家，由於不需要繳交個人所得稅，因此吸引了許多富人移民至此。

人口組成大部分是歸化的富人，國家主要收入來源是觀光與賭場收入。狹小的國家寸土寸金，所以摩納哥基本上沒有發展足球的場地與預算。

摩納哥公國仍然有本國的足球協會，不過摩納哥足協並非世界足球組織FIFA成員，也不是歐洲足協UEFA成員，事實上摩納哥公國甚至不屬於歐盟組織。然而摩納哥卻擁有一支世界級的職業足球隊。

AS摩納哥於1953－1954賽季加入法甲，是法甲聯賽裡唯一一支非法國籍的球隊。有趣的是AS摩納哥成員裡沒有一個是摩納哥公民，成員多半為法國籍或者其他國級的球員。

AS摩納哥的爭議

法國總統奧朗德（François Hollande）力推的富人稅於2013年已獲得法國憲法委員會同意。

年收入超過1百萬歐元（約新台幣4000萬）的員工，企業就必須為其繳納75%的富人稅，唯總額不會超出其營收的5%。

以伊布應拿的900萬歐元淨薪水來計算，巴黎聖日耳曼光是伊布一個人，就需要掏出3600萬歐元的含稅支出（3600萬扣除75%的稅，剩餘900萬則為伊布實拿的金額）。

AS摩納哥在這個夏季轉會市場拋出1.44億歐元，已經超越了2011－2012賽季卡達投資局剛入主巴黎聖日耳曼投入的1.08億打破法甲單賽季投資紀錄。

阿布拉西莫維奇入主切爾西第一個賽季的投資1.722億歐元，阿布達比聯合開發投資集團入主曼城的首個賽季是1.5735億歐元。雷波諾列夫本賽季投資摩納哥的金額除了破法甲紀錄之外，比之英超新豪門依舊是不遑多讓。

如此龐大的球員購買支出照理說會在年終造成俱樂部龐大的稅賦負擔，不過，相比於德國英國及西班牙球星稅收45%、義大利43%，以及法國今年度75%的天價稅，摩納哥公國的富人稅收則是0%。

以伊布為例，巴黎聖日耳曼為了伊布需付出含稅3,600萬歐元的天價，但如果伊布在摩納哥踢球，摩納哥只要付出900萬工資即可。

如此大的稅務差距讓法國許多職業球隊看了眼紅，基於公平競爭原則，法國職業足球聯盟要求AS摩納哥將總部搬到法國註冊，否則不排除將其逐出法國職業足球聯盟；而法國足協則希望摩納哥需要在未來數年繳納兩億歐元的費用來換取參加法國聯賽的權利，甚至沒有電視轉播分成，並且每場比賽派出的非本國培養球員數量要受到限制，但這樣的要求被摩納哥老闆雷波諾列夫斷然拒絕。

現在摩納哥已將法國足協告上最高法院，並揚言一旦被排除出法國足球聯賽，將轉而申請加入義大利足球聯賽。

無論如何，法國富人稅政策將會給法甲與法乙的一些球隊帶來很大影響，可以預見的是如果現行政策不改，法國俱樂部在歐冠或是歐洲聯賽等國際賽場又無法得到太好的成績的話，勢必在一兩年後，法國將會出現球星出走的嚴重狀況。外國球星不會選擇來法國踢球，而法國頂級球星也不會願意留在法國踢球。

當然，善於社會運動的法國人並不會就此善罷甘休，各俱樂部已經透過罷工，聯合抗議等方式不斷在跟法國政府爭取更好的富人稅版本新增條款。畢竟好不容易有望在這兩年超越義甲成為歐洲第四聯賽的法甲，卻因為政治因素導致聯賽缺乏競爭力，是所有法國球迷與法國足協所不樂見的。

法｜甲｜小｜常｜識

●聖埃蒂安是法甲霸主

法甲奪冠次數最多的球隊是10次奪冠的聖埃蒂安，前法國著名球星、現歐足聯主席普拉蒂尼(Michel Platini)、曾作主帥率領法國奪得1998年世界盃冠軍的雅凱（Aim Jacquet）、前法國國家隊主帥桑蒂尼（Jacques Santini）球員時期均曾效力聖埃蒂安，在20世紀六、七十年代，聖埃蒂安是法甲的霸主。

●沒有球隊能壟斷冠軍

法甲並沒有出現長期稱霸法甲的球隊，以最近七年來看，由2005－2006球季開始算起，七個球季已有里昂、波爾多、馬賽、里爾、蒙彼利埃及巴黎聖日耳曼等六個冠軍，這在歐洲各大聯賽中，的確很罕見。

●法國主場特強

法國曾於1984年主辦過歐洲國家盃及1998年主辦世界盃，兩項賽事都順利奪得冠軍。

文 迪比派路

Chapter11

國企俄超

由社會主義的前蘇聯，走向資本主義的俄羅斯，橫跨亞洲和歐洲板塊的巨人，大張旗鼓，一度借助獵豹埃托奧（Samuel Eto'o）捧為世界足壇「打工皇帝」，正式向歐洲五大聯賽發出戰書；時至今日，俄羅斯足協於2005年推出的「十年計劃」，即將到期，俄超儘管依舊財大氣粗，但仍在學習把足球生意交託給市場經濟，長路遙遙。

普丁的改革

2000年之後，「後現代沙皇」普丁（Vladimir Putin）執政大力推動經濟改革，大型企業元氣恢復，以能源企業為首的俄超，從睡夢中甦醒，大批球星陸續湧入，由最初的黃昏鬥士到今日的國際巨星，熱血沸騰，好不熱鬧。2005年，俄羅斯足球碰到轉捩點，俄足協選出新主席後大刀闊斧改革，訂立「十年計劃」的新戰略部署，加強打擊違規行為，深化市場制度，改善青訓，並簽下荷蘭籍神奇教練希丁克（Guus Hiddink）出任各級國家隊的總教練，規劃整個長遠發展藍圖。

俄羅斯超級聯賽於2001年誕生，目前十六支球會中，大部份由國家直接或間接擁有，可算是「巨型國企」；與主流聯賽不同，俄超為了避開寒冬飛雪，賽季由每年3月至11月（但2013－2014球季則改為7月至5月，只是冬歇期由12月初至3月初），加上不同步的轉會市場，使五大聯賽增加了更多變數。諷刺地，昔日超級霸主莫斯科斯巴達，合共摘下九次頂級聯賽桂冠，卻無法適應巨變，迄今仍是兩袖清風，眼看莫斯科中央陸軍、聖彼得堡澤尼特和喀山魯賓三分天下。為了保護本土球員的飯碗，俄超一直限制外援數量，且規定所有球隊必須創建青年軍，近年才逐漸開放，非俄籍球員去年起「註八出七」，場上由六名外援增至七人，規定直至2017年，有助提升聯賽水平。

2008年，澤尼特在歐洲聯盟盃四強大勝拜仁慕尼黑4：0，決賽再以2：0打敗蘇超豪門格拉斯哥流浪者，奪冠而回，加上歐洲超級盃險勝曼聯2：1，一時間反轉歐洲，世界聞之，人心惶惶。不過，俄超沒有因而全面崛起，澤尼特對上三個賽季，奪得兩次冠軍一次亞軍，優勢明顯，更在2012年豪擲9000萬歐元，買下了巴西前鋒胡爾克（Hulk）和比利時國腳維特塞爾（Axel Witsel），再次顯示土豪的強大購買力。

澤尼特背靠全世界最大天然氣公司Gazprom（俄羅斯天然氣公司、簡稱「俄氣」），才能有錢便是萬能，一度與安郅及喀山魯賓等，聯手激鬥「莫斯科派」旗下的多支傳統勁旅，火花四射。同時，機遇與風險並存，俄超閃

俄羅斯國家隊。｜adidas 提供

電雷擊歐洲大陸，需要國企全力奉獻，當全國經濟受到外圍影響時，足壇自然受到重挫，例如FC莫斯科於2010年壽終正寢，一年後輪到土星散班，而一些低組別球會更接連解散，足證把聯賽制度健全化和市場化，絕對是燃眉之急，否則不斷製造虛假的泡沫，浮光掠影，只能滿足世人一時之快。

球隊介紹

聖彼得堡澤尼特：與國同行

澤尼特由俄氣撐腰、莫斯科斯巴達由魯克石油公司掌控、莫斯科火車頭由全俄鐵路集團控股、莫斯科中央陸軍背後的老闆更盛傳是切爾西班主阿布拉莫維奇，使俄超增加了幾分神秘色彩。回歸綠茵場內，澤尼特近年產出的球星確實不少，例如由英超回歸祖國的阿爾沙文（Andrei Arshavin）、丹尼（Danny）、波格列布尼亞克（Pavel Pogrebnyak）、斯科特爾（Martin Skrtel）和季莫甚丘克（Anatoliy Tymoschuk）等，俄氣扮演了重要的角色。

1999年，澤尼特殺入俄羅斯盃決賽，力克傳統勁旅莫斯科火車頭封王，隨後俄氣便成為官方贊助商，當時俄羅斯正處於金融危機的復蘇階段，國內銀行業損失慘重，分身乏術。俄氣與澤尼特肩並肩，一起走向西方，象徵了出口能源的核心產業；巧合地，俄氣於2005年成為唯一股東後，球隊正式起飛，2012年統計顯示，國內球迷近1,300萬人，排在全歐第11位。兩年後，澤尼特藉俄氣的拉攏與德甲勁旅沙爾克04達成合作協議，借鑑別人的優質青訓體系，建設青訓大本營，那就是俄羅斯足球的未來道路之一。

莫斯科中央陸軍：首都巨頭

與澤尼特抗衡的莫斯科中央陸軍，歷史悠久，早在1911年成立，前身是於1901年誕生的軍隊背景滑雪俱樂部，更是沙俄軍隊；1917年11月7日，列寧（Vladimir Ilyich Lenin）發動暴力革命，莫斯科政權落入蘇維埃手中，3年間失去近百萬人；1924年，史達林（Joseph Stalin）掌政，足球成為國民宣洩和娛樂的工具。4年後「中央陸軍」正式創立，其軍隊的後盾讓球隊在二戰後進入黃金時代，自1945年起的7年內奪得5次聯賽，更代表前蘇聯出戰1952年奧運，惜四強負於前南斯拉夫，火爆的史達林遂決定解散球隊。史達林於1953年去世後，中央陸軍乘機東山再起，亦組成1956年冠軍隊的骨幹。

俄超時代，中央陸軍從未掉出爭標份子的行列，於2004－2005賽季自蘇聯解體後首次回到歐冠，巧合地與阿布麾下的切爾西同組，無緣出線，卻能夠在歐洲聯盟盃一路奮進，摘下首個歐洲賽錦標。2009－2010賽季歐冠聯，球隊隨曼聯成功在分組出線，淘汰塞維利亞後殺入八強，惜被最後冠軍國際米蘭踢出，但已是球會史上最佳成績。

國家隊：初生之犢

人要面對自己，首先要承認過去。前蘇聯合計共7次打入世界盃決賽圈，最彪炳的歷史是1966年殺進四強，但在歐國盃曾4次進軍王者之戰，更是首屆盟主。前蘇聯當年的足球風格「機械化」，快速具效率，兩大名帥卡恰林（Gavriil Kachalin）和洛巴諾夫斯基（Valeriy Lobanovsky、即後來基輔迪納摩教練）開創非比尋常的時代，歐洲球隊都敬而遠之。

俄超球員阿爾沙文。｜adidas 提供

上世紀90年代初，東歐變天，前蘇聯於1991年解體，「大當家」俄羅斯於1992年8月，正式上演首場國際賽對墨西哥，淨勝2：0，當時陣容由大部份前蘇聯國腳組成。1994年世界盃資格賽，獨立後的俄國首次出戰大賽，略帶運氣地取得前往美國的決賽圈入場券，主力包括奧諾普科（Viktor Onopko）、莫斯托沃伊（Aleksandr Mostovoi）和卡爾平（Valery Karpin）等。

決賽圈B組包括喀麥隆、巴西和瑞典，俄羅斯輸掉頭兩場後，肯定出局，但最後一仗狂勝喀麥隆6：1，射手薩連科（Oleg Salenko）獨取5球，爆冷榮膺神射手。2002年，俄羅斯再次躋身決賽圈，只是改寫不了命運，仍然在小組賽出局，2014巴西世界盃，更力壓C.羅納度率領的葡萄牙，史上第3次從資格賽出線。

「大當家」資源豐富，目前亦是前蘇聯解體後最穩定的國家隊，現任主帥卡佩羅（Fabio Capello）乃冠軍級人馬，曾教英格蘭和皇馬等名牌勁旅。阿爾沙文的時代逝去，多位球星紛紛回流俄超，俄羅斯目前進入播種期，為2018年主場舉行的世界盃而鋪橋搭路，相信巴西世界盃的大部份國腳仍在27歲以下，依靠澤尼特主力克爾扎科夫（Aleksandr Kerzhakov）、施羅科夫（Roman Shirokov）和斯莫爾尼科夫（Igor Smolnikov）等支撐半邊天，提前4年練兵，磨刀霍霍。普丁重返「帝位」，呼風喚雨，索契冬奧證明500億美元只是九牛一毛，「沙皇」眼中沒有不可能的任務。

俄超球員克爾扎科夫。｜adidas 提供

Chapter12

歐洲足球最高殿堂

從三大盃賽談起

文：石明謹

雖然四年一度的世界盃足球賽總是能吸引無數人的目光，但是說到世界足壇內容最精彩、競爭最激烈的舞台，還是非歐洲冠軍聯賽莫屬，台灣的足球迷這幾年能夠透過電視欣賞到歐冠聯賽，實在是莫大的福氣，因為歐冠聯賽代表世界足壇的最高水平，觀賞歐冠聯賽，才能算是真正領略到足球的精髓。

要介紹歐冠聯賽，得要從歐洲三大盃賽談起，因為現在歐洲足壇兩大賽事，歐洲冠軍聯賽及歐霸聯賽，是由歐洲三大盃賽經過數十年的演變、彼此結合之後才形成今天完整的跨國界聯賽體制，認識歐洲三大盃賽的歷史，才能真正認識歐洲職業足球。

歐洲過去曾經有三大跨國際的職業足球賽制，雖然經過好幾次的競合，但一般把他們分為歐洲冠軍盃、歐洲優勝者盃、歐洲聯盟盃等三大賽事。

歐洲冠軍盃首度舉辦為1955－1956年賽季，顧名思義是歐洲各國聯賽冠軍才能參加，1991－1992年改制為歐洲冠軍聯賽，1997－1998年再度改制為依照積分排名取得參賽資格，不再限定各國聯賽冠軍，2007年再度改制，在歐洲冠軍聯賽被淘汰的隊伍可以參加歐洲聯盟盃，2009年歐洲聯盟盃改制為歐洲聯賽。不論是現在的歐洲冠軍聯賽，或是它的前身歐洲冠軍盃，都被認為是三大盃賽中水準最頂尖、地位最崇高的賽事。

歐洲優勝者盃UEFA Cup

Winners' Cup由各國盃賽冠軍參加，被認為是地位僅次於歐洲冠軍盃的足球賽事，創辦於1960－1961年賽季，為了增加比賽的可看性，並配合歐洲三大賽事合流，在1999－2000年賽季，歐足聯取消了優勝者盃，將賽事併入歐洲聯盟盃。

歐洲聯盟盃的前身為1955－1956年的國際城市博覽會盃Inter－Cities Fairs Cup，1971－1972改制為歐洲聯盟盃UEFA Cup，由各國聯賽排名較優的球隊參加，在納入了優勝者盃之後，不僅規模擴大，也一舉成為歐洲足壇僅次於歐洲冠軍聯賽的重要賽事。

2009年將原本讓弱小球會參賽的國際托托盃（UEFA Intertoto Cup）也併入，並改制為歐洲聯賽（或稱歐霸聯賽），同時也由於在2007年開始歐冠聯賽的參賽隊伍在被淘汰之後可以參加歐洲聯盟盃或歐霸聯賽，提升了整個賽事的競爭水準。

冠軍盃到冠軍聯賽

歐洲冠軍盃原本是一項邀請賽，最早的規劃是邀請歐洲各國的最強隊伍來參賽，但是因為歐洲各國的賽事彼此獨立，因此邀請各聯賽冠軍隊伍成了最簡單的方式，由於當時還沒有跨國比賽的概念，加上當時交通不便，跨國比賽曠日費時，許多球隊為了顧及國內聯賽的戰績，婉拒了歐冠的邀請，因此早期參賽隊伍並

歐冠聯獎盃與用球。｜adidas 提供

不多，實力也不是最強，隨著交通便利與國際交流的增加，歐洲各國對於跨國賽事更加重視，歐冠在過去將近六十年，已經成為全世界規模最大、參賽球隊最多，也最重要的跨國際職業運動比賽。

原本在南美洲也有大型的跨國賽事，南美自由盃，實力與歐洲冠軍聯賽不相上下，但是在全球化的風潮下，加上歐洲明顯的經濟優勢，許多中南美洲的好手，幾乎都在歐洲各大聯賽效力，南美洲的跨國賽事不論在話題性、選手素質及比賽強度各方面，逐漸被歐洲冠軍聯賽拉開差距，如果我們稱歐冠聯賽是世界上競爭力最強的足球聯賽，也絕對不為過。

歐洲冠軍聯賽的參賽隊伍眾多，而且來自跨國際水準不同的聯賽，為了均衡比賽實力，歐洲冠軍聯賽有一套非常複雜的賽制，歐洲冠軍盃的參賽資格，由歐洲各國聯賽過去五年的參賽成績做出排名，依排名訂出每個聯賽的參賽名額，其參賽隊伍與晉級系統參見下頁表格。

歐冠聯用球以星星作為設計，用意是代表歐洲 。｜adidas 提供

歐洲冠軍聯賽賽程			
		參賽隊伍	晉級方式
第一輪淘汰賽（4隊）		歐洲排名50－53的聯賽冠軍球隊	抽籤進行兩回合主客場淘汰賽之後，2支勝隊晉級下一輪
第二輪淘汰賽（34隊）		歐洲排名17－49的聯賽冠軍球隊（列支敦士登除外）+第一輪淘汰賽晉級的球隊2隊	抽籤進行兩回合主客場淘汰賽之後，17支勝隊晉級下一輪
第三輪淘汰賽	冠軍組（20隊）	歐洲排名14－16的聯賽冠軍球隊共3隊+第二輪淘汰賽晉級的球隊（17隊）	抽籤進行兩回合主客場淘汰賽之後，10支勝隊晉級下一輪 10支敗隊轉戰歐洲聯賽
	聯賽組（10隊）	歐洲排名第6的聯賽第3名球隊+歐洲排名7－15的聯賽亞軍球隊	抽籤進行兩回合主客場淘汰賽之後，5支勝隊晉級下一輪 5支敗隊轉戰歐洲聯賽
歐冠小組資格賽	冠軍組（10隊）	第三輪淘汰賽冠軍組晉級的球隊	抽籤進行兩回合主客場淘汰賽之後，5支勝隊晉級小組賽
	聯賽組（10隊）	第三輪淘汰賽聯賽組晉級的球隊+歐洲排名4－5的聯賽第二名球隊2隊 歐洲排名1－3的聯賽第三名球隊3隊	抽籤進行兩回合主客場淘汰賽之後，5支勝隊晉級小組賽
小組賽（32隊）		歐洲排名1－13的聯賽冠軍球隊13隊+歐洲排名1－6的聯賽亞軍球隊6隊+歐洲排名1－3的聯賽第三名球隊3隊+小組資格賽晉級的球隊10隊	抽籤分成八個小組之後，每個小組前兩名晉級十六強，同小組中不會有來自同一個聯賽的球隊
16強淘汰賽		小組賽晉級的球隊	抽籤進行兩回合主客場淘汰賽，8支勝隊晉級八強淘汰賽，來自同一個聯賽的球隊、在小組賽同一組的球隊均需迴避
8強準決賽		16強淘汰賽晉級的球隊	抽籤進行兩回合主客場淘汰賽，沒有任何迴避規則，抽出對戰樹狀圖之後不再進行抽籤直到決賽
4強半決賽		8強準決賽晉級的球隊	進行兩回合主客場淘汰賽，2支勝隊晉級決賽
決賽		四強半決賽晉級的球隊	決賽在第三地舉行，一場定勝負，勝隊贏得冠軍

透過上頁的表格，你更了解歐洲冠軍聯賽的參賽資格了嗎？下次別忘了打開電視欣賞這項世界最高水準的足球賽事喔！

歐霸聯賽——第二勢力的表演舞台

文：蘭帕德

除了歐冠聯之外，歐洲足壇還有一個矚目的戰場，那就是歐霸聯賽足球聯賽（UEFA Europa League，簡稱歐霸聯賽），重要性僅次於歐洲冠軍聯賽。

對於歐洲豪門來說，歐霸聯賽是失落歐冠聯賽角逐資格後，一個最大的安慰獎，對於歐洲第二勢力來說，是一個最矚目的表演舞台。

為了提高球迷對歐霸聯賽的關注，歐洲足聯不斷為歐霸聯賽引入更豐厚的獎金，雖不能媲美歐冠聯賽，但對中型球會卻相當有吸引力。

只要能打進48強的小組賽，球隊就能得到130萬歐元，小組賽中每贏一場比賽可獲得20萬歐元，踢和一場可獲得10萬歐元。能在小組賽獲首名晉級可獲得40萬歐元、次名則獲得20萬歐元。

若能打進16強、8強、4強的球隊，也恭喜你！球隊可以分別獲得35萬、45萬、100萬歐元的獎金。若能在決賽中勝出，獎金則高達500萬歐元，亞軍也能獲得250萬歐元。

因此歐霸聯賽盟主，估計可以得到600萬至700萬歐元不等的獎金，連同其他商業贊助及收益，配合適當的市場營銷策略，隨時有機會可以賺近千萬歐元，對中小型球會來說相當吸引。

歐洲舞台入門

要擠身歐霸聯賽，有不同的途徑。

跟歐冠聯賽大同小異，歐洲足聯會在「歐洲足聯積分排名」的基礎上，因應各國的足球水平，分配出戰名額，由於數據相當複雜，在這裡不詳細介紹。

名額分配了，如何決定由誰參賽呢？

保留歐洲優勝者盃、歐洲足聯盃的傳統，國內盃賽冠軍隊，聯賽成績緊隨歐冠球隊的第二勢力。

以英超為例，足總盃及聯賽盃冠軍可以得到一個名額，還有聯賽第五名，若兩項盃賽盟主同時晉身歐冠聯賽，入場券將會給予聯賽的第六名，甚至是第七名。

Round 1：資格賽

資格賽共分4輪進行，以主客場形式分勝負，並設作客進球優惠。

根據「歐洲足聯積分排名」，積分越低的國家、聯賽排名越低的球隊越早出戰，還有歐洲足聯選出的公平競技優勝隊、歐冠聯賽第3輪資格賽的負方，都會陸續加入戰團。經過4輪廝殺，將會有48隊晉身小組賽。

Round 2：小組賽

由資格賽晉級的37支球隊、10支歐冠聯賽資格賽的負方，加上衛冕冠軍球隊，合共48隊將會展開小組賽，每4隊一組，共分12組，每組首次名合共24隊球隊均可晉級，若分數相同則以失球定先後。

Round 3：淘汰賽

由小組賽晉級的24支球隊，加上8支歐冠聯賽分組賽第3名的球隊，合共32隊進行淘汰賽，以主客場形式分勝負，設作客入球優惠。決賽將於中立場舉行，一場比賽決生死！

歷年新勢力王者

作為一支有實力的球隊，首要目標當然是參加歐冠聯賽，不過中小型球會，無論在實力、財力上，均比不上列強，歐冠聯賽實在是遙不可及，因此，歐霸聯賽就成為他們表演的舞台。

就以英超為例，近年大部份

時間，歐冠聯賽的席位都被數支豪門所壟斷，出色的中型球會，例如艾佛頓、紐卡斯爾、熱刺等。至於西甲，馬德里競技、畢爾包、塞維亞等，都是徘徊於歐冠聯賽與歐霸聯賽的熱門球隊。

近年除了歐洲四大聯賽球隊，從歐霸聯賽的成績，可以看見新勢力正在發展，其中以俄羅斯、烏克蘭等東歐勁旅最值得留意。近年盟主就有由東歐勁旅奪得的前例。

例如俄羅斯的莫斯科中央陸軍、聖彼德堡澤尼特，及烏克蘭的頓涅茲礦工等，都有能力登上寶座。

歐洲聯賽小常識

●冠軍最多

奪冠最多的是西班牙豪門皇家馬德里，合共贏得9次冠軍，首5屆更奪得5連冠！可見皇家馬德里不但現在是銀河艦隊，早在50年代已經稱霸歐洲。至於第二位的則是AC米蘭，共7次奪得冠軍。英超球隊中成績最好的是利物浦，曾經5次奪冠，其中2006年決賽對AC米蘭一役，在上半場落後3球的情況下，在下半場連追3球，最後在互射十二碼中逆轉勝最為經典。

●歐冠聯獎金

20支參加附加賽的球隊將獲得210萬歐元的獎金，參加小組賽的32支球隊至少獲得860萬歐元獎金，及獲勝一場得100萬歐元，和局一場得50萬歐元。

打進十六強獲得350萬歐元、八強有390萬歐元，四強得490萬歐元。冠軍則可獲得1,050萬歐元，亞軍也有650萬歐元。

●失敗者盃

歐冠聯是由各地聯賽成績最好的球隊爭逐，而歐洲足聯盃（現稱：歐霸聯賽）由各地聯賽成績僅次於榜首幾支球隊的第二勢力角逐，所以，一些強隊若突然表現不理想，而要參加歐霸聯賽時，都將這項盃賽，形容為「失敗者盃」。

Chapter13

歐洲國家之顛

文 蘭帕德

歐洲國家盃

世界盃以外最盛大的Party

歐洲國家盃（UEFA European Football Championship，簡稱歐國盃）顧名思義，是由歐洲足聯成員國參與角逐的國家級足球賽事，也是繼世界盃以外，被譽為足球界最高的榮譽。有人形容歐洲國家盃為「沒有巴西與阿根廷的世界盃」，可見歐國盃的地位。

歐國盃每四年舉行一屆，舉行的時間剛好是兩屆世界盃之間，要知道…四年才有一次世界盃，是多麼漫長啊！歐國盃舉行，正好為我們作為球迷的填補空白，每兩年就可以欣賞一次世界級足球盛事，也讓歐洲列強更多交流的機會。

之前談到歐冠聯、歐霸聯賽…或多或少都會提到獎金，歐國盃嘛…獎金反而不是重點了。

歐洲國家盃歷屆用球。｜adidas 提供

能夠為國家隊而戰，是球員的榮譽，能夠為國家隊奪得世界盃、歐國盃，是人生最大的成就，比起為球會奪國內聯賽冠軍、歐洲盃賽錦標，更能名垂千古。

世界盃的縮影

歐國盃的賽制非常簡單，就像世界盃的縮影，除了主辦國自動晉身決賽圈之外，所有參加比賽的國家，會被分為若干小組踢資格賽，以雙循環形式比賽，成績最好可以晉身決賽圈。

以2012年的歐國盃為例，共有53個國家參加，由於該屆比賽，由波蘭及烏克蘭合辦，兩個主辦國分享了當中兩個席位，其餘51隊就被分為9組，爭逐晉級的14個席位。

16支晉身決賽圈的球隊將分成4組，以小組單循環制比賽，每組得分最高兩隊晉身8強，以淘汰賽形式角逐冠軍。

歷年的歐國盃盟主

歷史上共有9個國家曾經奪得

歐洲國家盃群雄競逐。| adidas 提供

歐國盃冠軍，其中以德國及西班牙3奪錦標成績最好，另外法國兩次奪標。蘇聯、捷克斯洛伐克、丹麥、希臘、荷蘭、義大利各奪得一次冠軍，當中有些片段仍為球迷津津樂道。

法國隊兩次奪標見證兩代球王高峰

1984年是法國隊的黃金時期，當年有球王普拉蒂尼壓陣，也就是現時的歐洲足聯會長，當時法國隊可謂戰無不勝，普拉蒂尼以驚人的9個進球成為神射手。

歐洲國家盃小常識

●成績最差的主辦國

2008年的歐洲國家盃是由瑞士及奧地利合辦，兩隊都不約而同的在小組賽中出局。雖然一起出局，但奧地利比瑞士的成績更差，瑞士戰績是三戰一勝二負，而奧地利在三場比賽中，只曾進過一球，並只打平波蘭，積分只得一分，成為歐洲國家盃史上成績最差的主辦國。

●神射手

在歷屆歐洲國家盃中，進球最多的是法國巨星普拉蒂尼，他除了是一屆裡進了9球外，而9個進球也是史上累計進球最多的球員。

●黃金入球

歐洲國家盃首個黃金入球，是在1996年的決賽上出現，德國的比爾霍夫在延長賽後的五分鐘所射進的。

●主辦國合辦

2000年，是歷史上首次由兩個國家合辦的歐洲國家盃，當時由荷蘭與比利時合辦。

●最快進球

2004年俄羅斯對希臘的賽事，俄羅斯的基利臣科（Dmitri Kirichenko）在開賽後的68秒所射進的。

●神奇奪冠

1992年因為南斯拉夫內戰而被禁賽，臨時替補的丹麥，竟然在毫無備戰的情況下奪得冠軍，真的十分神奇。他們在最佳門將舒梅切爾（Peter Schmeichel）帶領下，過了一關又一關，最後在決賽以2：0擊敗德國奪得冠軍。

●決賽最大比數

2012年決賽，由西班牙對義大利，結果，西班牙以4：0勝出，成為第一支成功衛冕的國家，並且創下了決賽以最大的比數擊敗對手的紀錄。

到了2000年，是第二代球王席丹的表演舞台，他的魔法令法國隊成為第一支，能夠以世界盃冠軍身份，奪得歐國盃的球隊。

荷蘭首次奪標：短暫的三劍俠光芒

70年代克魯伊夫的全能足球後，到了80年代荷蘭才有真正的球王接班人，由後衛列卡特（Rijkaard）、中場古烈治（Gullit）、前鋒雲巴士頓（van Basten）組成的荷蘭3劍俠所向披靡，當年他們在決賽以2：0擊敗蘇聯，其中雲巴士頓的零角度衝力射球，更被譽為上世紀其中一個最漂亮的金球。

破宿命連奪兩屆冠軍

至於2008年奪得冠軍的西班牙，可說是現今足球最矚目的新勢力，最強的前鋒線組合托雷斯、比利亞，近乎完美的中場線，防守中場阿隆索、進攻中場哈維、因涅斯塔、法布雷加斯等，還有門將卡斯亞斯，被形容為歐洲最強。他們於2008奪得歐洲國家盃冠軍後，於2012年再奪冠軍，他們更以2010年世界盃冠軍的身份奪得歐國盃，成為歐洲新霸主。

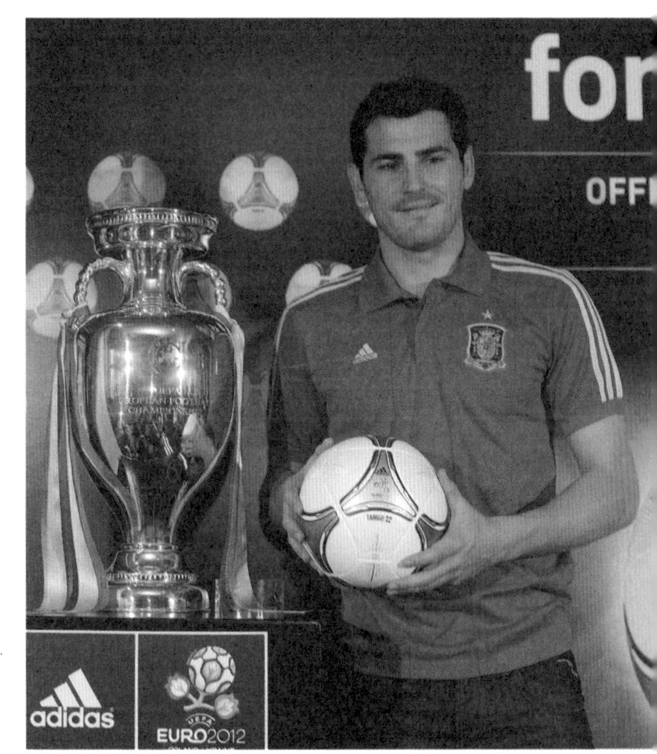

西班牙歷史性蟬聯冠軍。｜adidas 提供

文 艾力

Chapter14

北歐神話

北歐神話相信萬物皆有滅亡，然後會有新的生命誕生，世界上的一切都是循環不息。正與北歐足球一樣，會強盛、會陷低潮、又會再強盛。北歐足球歷經了世界盃亞軍、黑馬、全軍覆沒、歐國盃冠軍，就像是北歐神話一樣。

2014年世界盃，北歐五國全體缺席決賽圈，這是1982年世界盃後的首次。雖然如此，但冰島及瑞典最終只在世界盃附加賽中飲恨，也證明北歐足球並沒有退步。

北歐球員身材普遍高大，但也不乏腳下技術細膩的球星，雖然目前北歐球隊普遍整體實力普通，但北歐足球在世界足壇也曾掀起過風浪，湧現過眾多為球迷所熟知的球星。

挪威與挪超

挪威至今共出席過三屆世界盃決賽圈，包括：1938、1994、1998年世界盃，在90年代，挪威誕生了眾多球星，當時在英超效力的球員便為數不少，包括當時在曼聯效力的著名前鋒索斯克亞（Ole Gunnar Solskjær）、曾效力過切爾西等隊的高中鋒弗洛（Tore André Flo）等球星。

1998年世界盃，挪威闖入了16強，但在16強淘汰賽0比1不敵義大利，闖入16強已是挪威在世界盃上的最佳戰績，1998年世界盃後，挪威便再也未曾闖入世界盃決賽圈，而目前在歐洲豪門俱樂部已難覓挪威球員的身影。

挪威的頂級聯賽挪超目前共有16支球隊參加，共進行30輪聯賽，挪超聯賽並不跨年，賽季一般從3月底開打，於11月結束。

羅森伯格是挪威最為成功的俱樂部，至今共已22次奪得挪威頂級聯賽冠軍，羅森伯格一度是歐冠聯賽小組賽的常客。而2013賽季挪超的冠軍得主是斯特羅姆加斯特，這是斯特羅姆加斯特俱樂部歷史上第二次奪得挪威頂級聯賽冠軍。

丹麥與丹超

丹麥共出席過4屆世界盃決賽圈，包括：1986、1998、2002、2010年世界盃，其中在1998年世界盃上，陣中擁有大勞德魯普（Michael Laudrup）、小勞德魯普（Brian Laudrup）、著名門將舒梅切爾的丹麥闖入了8強，這是丹麥在世界盃上的最佳戰績。

大勞德魯普效力尤文圖斯、皇家馬德里、巴塞隆納時均取得了成功，而門將舒梅切爾曾長期效力曼聯，是曼聯奪得1998－1999賽季三冠王時的主力門將。

在1992年歐洲國家盃上，丹麥更是創造了丹麥童話，在中場核心大勞德魯普沒有參賽的情況下，舒梅切爾、小勞德魯普等人幫助丹麥最終問鼎冠軍，在決賽中丹麥擊敗了實力強大的德國。

另外，也曾擊敗阿根廷，奪得1995年的洲際國家盃冠軍，再創一次神話。

目前的丹麥國腳中，有多位在英超效力，比如在熱刺效力的中場球員埃里克森（Christian Eriksen）、在利物浦效力的後衛阿格（Daniel Agger）等。

丹麥的頂級聯賽丹超創立於1991年，賽季一般由7月開打，於5月結束，12支球隊參加，共賽33輪。2012－2013賽季丹超冠軍是哥本哈根，至今哥本哈根已10次奪得丹超冠軍。

瑞典與瑞超

瑞典至今共11次闖入世界盃決賽圈，且不乏搶眼表現，其中在1958年世界盃上，作為東道主的瑞典闖入了決賽，但最終不敵整體實力更為強勁的巴西，1994年世界盃，瑞典則獲得了季軍。

瑞典歷史上有不少知名球星，而目前瑞典陣中最為球迷所熟知的球星便是伊布拉希莫維奇。

效力過尤文圖斯、國際米蘭、AC米蘭、巴塞隆納等豪門的伊布目前效力於巴黎聖日爾曼，雖然身材高大，但伊布的腳下技術相當出色，經常攻入令人拍案叫絕的高難度進球，目前伊布的狀態依然保持得相當好，進球勢頭強勁。

瑞典球星伊布拉希莫維奇。｜Nike 提供

2014世界盃附加賽，伊布領軍的瑞典最終不敵葡萄牙，這使得瑞典無緣2014年世界盃，除了伊布，目前的瑞典陣中缺少個人能力拔尖的球星，這使得瑞典的整體實力難以與其他強隊相抗衡。

瑞典的頂級聯賽瑞超並不跨年，賽季一般由3月底開打，至11月初結束，共16支球隊參賽，共賽30輪，2013賽季瑞超冠軍是馬爾默，馬爾默正是伊布開始職業生涯的球隊，而哥登堡在20世紀八、九十年代曾是瑞超的一支勁旅。在歐冠聯賽小組賽中，近幾個賽季，難以見到瑞超球隊的身影。

芬蘭與芬超

芬蘭此前從未打進過世界盃決賽圈，也從未闖入過歐洲國家盃決賽圈，雖然整體實力不濟，但芬蘭歷史上也有過利特馬寧（Jari Litmanen）這樣的優秀射手，利特馬寧成名於阿賈克斯，之後效力過巴塞隆納、利物浦這樣的豪門俱樂部，而目前勒沃庫森主帥海皮亞（Sami Hyypiä）球員時期曾在利物浦效力多年，目前芬蘭陣中則缺少個人能力突出的頂級球星，在歐洲豪門俱樂部已難以找到芬蘭球員的身影。

芬蘭的頂級聯賽芬超創立於1990年，並不跨年，賽季一般從4月中旬開打，於10月下旬結束，共12支球隊參賽，共賽33輪。近五個賽季芬超的冠軍均是赫爾辛基，至今赫爾辛基已10次奪得芬超冠軍，但在歐冠聯賽的小組賽中，很少看到芬超球隊的身影，由於整體實力有限，芬超球隊往往無法通過歐冠聯賽的資格賽。

冰島與冰島超

與芬蘭一樣，冰島此前從未打進過世界盃決賽圈與歐洲國家盃決賽圈，但在2014世界盃資格賽中，冰島帶來了不小的驚喜，與瑞士、斯洛維尼亞、挪威、阿爾巴尼亞、塞普勒斯同組的冰島最終獲得小組第二，取得參加附加賽的資格，但在附加賽中，冰島最終不敵實力更勝一籌的克羅埃西亞。

冰島陣中目前不乏個人能力突出的球星，現效力阿賈克斯的前鋒西格索爾松（Kolbeinn Sigþórsson）、現效力熱刺的中場球員西於爾茲松（Gylfi Þór Sigurðsson）等球星在陣中的作用相當關鍵，而35歲的老將古德約翰森（Eiður Smári Guðjohnsen）曾效力過切爾西、巴塞隆納這樣的豪門俱樂部，其中在切爾西共效力六個賽季。

冰島的頂級聯賽冰島超並不跨年，賽季一般由5月上旬開打，至10月上旬結束，共12支球隊參賽，共賽22輪，2013賽季冰島超的冠軍得主是KR雷克雅未克，這家俱樂部已26次奪得冰島超的冠軍，另一支球隊華路爾則一共20次奪得冰島超冠軍。由於整體實力有限，冰島超球隊難以在歐冠聯賽的小組賽中亮相。

Chapter15

歐陸風情

文 巴迪斯圖達

國際足壇近年來有個名詞叫做「五大聯賽」，指的就是英格蘭超級聯賽、西班牙甲級聯賽、德國甲級聯賽、義大利甲級聯賽和法國甲級聯賽。這5個聯賽幾乎吸引了全球大部分頂級球員加盟，所以也吸引了大部分球迷的眼球。不過足球號稱是全球最受歡迎的運動，可觀的足球聯賽，當然不會只在這5個地方才有。比如說在西歐的荷蘭、葡萄牙、比利時、南歐的土耳其和希臘，其頂級聯賽各有特色，也為5大聯賽提供不少人才，所以影響力絕對不容忽視。

淘不完的荷蘭甲級聯賽

荷蘭雖然面積不大，只算是西歐小國，但卻在1974年奪得世界盃亞軍，從此奠定世界足球強國地位。

來自荷蘭的足球天才，隨便數一下，就有克魯伊夫、古列特（Ruud Gullit）、范巴斯坦（Marco van Basten）、博格坎普（Dennis Bergkamp）、范佩西（Robin van Persie）等，他們全都是由荷甲培育出來的。

荷蘭聯賽最成功的球隊，就是有歐洲兵工廠之稱的阿賈克斯

荷蘭國家隊。｜Nike 提供

(Ajax Amsterdam)。這支球隊不僅奪得32次聯賽冠軍，還在名帥米歇爾斯(Rinus Michels)和荷蘭球王克魯伊夫帶領下，在1971至73年3度奪得歐冠盃，成為名符其實的歐洲冠軍。及後在1995年，阿賈克斯在里卡特(Frank Rijkaard)、西多夫(Clarence Seedorf)和克魯伊特(Patrick Kluivert)等名將齊心協力，擊敗強敵AC米蘭奪得歐冠。

除了阿賈克斯，荷甲還有埃因霍溫(PSV Eindhoven)和費耶羅德(Feyenoord)是豪門球隊，最近55次聯賽冠軍，這3支球隊就贏了51次。

埃因霍溫亦在羅納德科曼(Ronald Koeman)率領下，贏得1988年歐冠。而費耶羅德也在1970年贏得歐冠，范佩西和范哈內亨(Willem van Hanegem)等名將也是其所培育。

荷蘭聯賽球隊過往可以跟5大聯賽球隊爭一天長短，只是國際足聯在1995年頒布的博斯曼條例(Bosman Rule)，對荷蘭聯賽造成致命打擊。博斯曼條例出現之前，荷甲球隊雖然在財力上，已經不能與5大聯賽球隊比美，但5大聯賽的外援限額令荷甲不致被淘空。

但博斯曼條例令荷蘭球員在5大聯賽不算作外援，於是大量荷甲球員以低價甚至免費轉投5大聯賽球隊，令荷甲球隊血本無歸，亦無力保留固定陣容，所以荷甲球隊已經沒法在歐洲賽創佳績。

不過這個聯賽的造血能力確實相當厲害，在這10多年間，仍然有斯奈德(Wesley Sneijder)、伊布和蘇亞雷斯(Luis Suarez)等頂級球星從荷蘭聯賽走出。所以觀看荷蘭聯賽，隨時發現到另一個未來主宰國際足壇的新星，是另一觀戰樂趣。

屢創奇蹟的葡萄牙超級聯賽

葡萄牙自從1990年代中期開

始，就盛產技術出眾的年輕天才，先有菲戈和魯伊科斯塔（Rui Costa），繼而有C.羅納度，這些叱吒風雲的國際頂級球星就是葡超的出品。葡萄牙聯賽長久以來，都由來自首都里斯本的本菲卡（Benfica）、葡萄牙競技（Sporting Lisboa），和波圖市的波圖（FC Porto）3大豪門球隊壟斷。

葡超從1935年成立以來，只有2次冠軍是旁落在這3強之外。而奪得這2次冠軍的比蘭倫斯（Belenenses）和博維斯塔（Boavista），都是里斯本和波圖市的球隊。

葡萄牙國家隊。｜Nike 提供

雖然聯賽壟斷情況嚴重，卻不代表其他球隊沒看頭。相反就是本菲卡、葡萄牙競技和波圖3大豪門擁有人力、物力、財力，其他球隊就承擔起為這3支球隊造血的角色。

比如長年在葡超位列中游的馬里迪莫（Maritimo），就曾經出產過丹尼（Danny）和佩佩（Pepe）等現役葡萄牙國家隊主力成員。布拉加（SC Braga）就成為西班牙新科國腳迪亞高哥斯達（Diego Costa）和前葡萄牙國腳堤亞戈（Tiago）等人的搖籃。已經沒落的博維斯塔，也貢獻過努諾戈麥斯（Nuno Gomes）、博辛瓦（Jose Bosingwa）和哈塞爾巴爾克（Jimmy Floyd Hasselbaink）等名將。

至於3大豪門方面，歷史上最成功的葡萄牙球隊是本菲卡，他們取得32次葡超冠軍，和2次歐冠盃。不過近年最成功的是波圖，踏入21世紀，波圖在14屆葡超賽事中獨得9屆冠軍。另一方面，葡萄牙聯賽和荷蘭聯賽一樣，在財力上沒辦法跟5大聯賽競爭。但波圖就在2004年，在名帥穆里尼奧（Jose Mourinho）帶領下奪得歐冠，成為千禧年後唯一奪得歐冠的非5大聯賽球隊。

當年的歐冠冠軍球隊，造就了穆帥和卡瓦略（Ricardo Carvalho）等名將誕生。雖然這一批教練和球員及後陸續星散，波圖卻有能力找來另一批球員和教練，創造另一個盛世。由少帥博亞斯（Andre Villas－Boas）率領，擁有法爾考（Ramadel Falcao）和瓜林（Freddy Guarin）等當時沒太大名氣，卻擁有超凡實力悍將的波圖，不僅在葡超繼續稱霸，還在2011年贏得歐霸聯賽和歐洲超級盃。

葡超還有另一個特色，就是因為每支球隊都有大量巴西球員。原因是巴西從前是葡萄牙殖民地，巴西人說的是葡語，以葡萄牙作為旅歐第一站最適合不過。另外一個原因就是巴西球員在葡超不當作外援，而且來自巴西等葡語系國家的人，在葡萄牙居住3年就可以擁有歐盟護照，葡超球隊自然願意多到巴西發掘賢才，合用的放在隊中，暫時不合用的外借到其他球隊，等3年時限一到，就可以當作歐盟球員賣到其他聯賽賺錢，這也是所有葡超球隊經營之道。

目前效力皇家馬德里的佩佩，就是從巴西轉戰葡超，在馬里迪莫和波圖效力後，轉籍葡萄牙後成為該國中梳柢柱。

比利時甲級聯賽：非洲球員加工廠

比利時和荷蘭一直唇齒相依，足球發展路卻大相逕庭。荷蘭自從1970年代開始，成為國際球壇的足球強國。比利時卻只在1980年代，在席福（Enzo Scifo）等「黃金一代」成員冒起時，在1986年世界盃取得殿軍。

而在球會級的榮譽，比利時球隊從沒拿過歐冠，只有安特烈赫特（Anderlecht）和布魯日（FC Brugge）在1970年代，取得過歐足聯盃，所以比利時足球在歐洲一直只屬二、三流角色。

不過一齣戲需要有主角，亦需要有出色的配角才可以演得精彩。比利時這個「配角」，近年就找到一個合適的位置，就是潛質球星加工廠。對非歐盟球員來說，比利時有2個極優的好處。第一，比利時聯賽沒有外援限制，所有球隊要註冊和派多少外籍球員出場都可以，比其他歐洲聯賽只是不限歐盟成員國的球員更寬鬆。第二，比利時政府對外勞入籍也很寬鬆，只要連續居住3年就可以申請護照，比葡萄牙的移民政策更寬鬆。

所以比利時聯賽球隊多數都擁有不少來自非洲、東歐和亞洲的球員。由於法語是比利時的法定語言，所以比利時球隊在西非的法語國家，例如象牙海岸、布基納法索等滿佈球探，部分更跟西非球隊結下聯盟關係，或直接在當地興建足球學校，將當地的天才球員搶先一步挖過來。比如說目前已經解散的比弗倫KSK（Beveren），跟象牙海岸的ASEC米莫薩（ASEC Mimosas）結成合作伙伴，於是可以低價挖來埃布爾（Emmanuel Eboue）、亞亞圖雷（Yaya Toure）、傑維尼奧（Gervinho）等好球員，取得護照後高價賣給其他球隊。

比利時聯賽另一種比較特別的現象，就是他們既然拉攏別人做他們的衛星球隊，他們自己也做別人的衛星球隊。目前在比利時乙級聯賽競逐的安特衛普（Royal Antwerp），就是英超霸主曼聯的衛星球隊。曼聯近年將陣中的預備隊成員，派到安特衛普爭取上場機會。目前在英超賽場馳騁的後衛奧謝（John O′Shea）、肖克洛斯（Ryan Shawcross）、前鋒坎貝爾（Fraizer Campbell），以及中國球員董方卓，都曾經在安特衛普經過鍛鍊。

伺機爭寵的土耳其和希臘聯賽

土耳其和希臘位於歐洲東南部的邊緣，雖然兩國在政治上是敵對局面，足球發展方向卻大同小異，也跟德國淵源深厚。在國際賽層面，由於前西德在二戰後大批引進土耳其移民，這些移民的後裔逐步加入足球世界。從1990年代開始，土耳其足協尋找和邀請這些後裔加入國家隊，代表土耳其征戰1996年歐洲盃的泰爾芬（Tayfun Korkut），和2002年世界盃的厄姆米特（Umit Davala），就是從德國挖來的寶藏。

踏入21世紀，土耳其足球迎來史上的高峰。先是在2000年有加拉塔薩雷（Galatasaray）奪得歐足聯盃（UEFA Cup），是該國史上首個歐洲賽錦標。繼而在2002年的世界盃，擊敗南韓成為季軍。可惜升得快跌得也快，土耳其成為世界盃季軍後氣勢一直下滑，及後3屆世界盃決賽周都無緣參加。縱然在2008年歐洲國家盃打進4強，也只屬曇花一現。

回到球會比賽層面，土耳其超級聯賽基本上由4大豪門壟斷，他們是在該國最大城市伊斯坦堡的加拉塔薩雷、費內巴切（Fenerbahce）、貝西克塔斯（Besiktas），和北部城市特拉布宗（Trabzon）的同名球隊特拉布宗（Trabzonspor）。他們近年的發展方向，都是使用本土才俊為主，再配合被西歐主流聯賽淘汰，但仍然有號召力的球星掛帥。

土超吸引到的球星其實也不少，比如加拉塔薩雷有羅馬尼亞球王赫吉（Gheorghe Hagi）、巴西門將塔菲羅爾（Taffarel）、捷克前鋒巴羅許（Milan Baros）、前切爾西射手德羅巴和斯奈德。費內巴切有前西德門將施馬赫（Toni Schumacher）、奈及利亞中場奧科查（Jay Jay

Okocha）、巴西鐵衛卡洛斯（Roberto Carlos）和荷蘭前鋒庫伊特（Dirk Kuyt）。貝西克塔斯也有英格蘭前鋒費迪南德（Les Ferdinand）、保加利亞悍將萊特切科夫（Yordan Letchkov）、前皇馬副隊長古蒂（Guti）和葡萄牙翼鋒西芒（Simao）。特拉布宗就有比利時門將普法夫（Jean－Marie Pfaff）、南韓中場李乙容、葡萄牙後衛博辛瓦（Jose Bosingwa）和法國翼鋒馬勞達（Florent Malouda）。

希臘足球的情況跟土耳其頗為相似，在國家隊層面，希臘首登大舞台是在1994年世界盃，可惜卻是3連敗且不進一球出局。希臘足球沒有因為首次出發就輸得這麼難看而放棄，反而是十年磨一劍，聘請了德國名帥雷哈格爾（Otto Rehhagel）執教。雷哈格爾將希臘打造成德國式鐵血球隊，以固若金湯的防守和紀律，爆冷奪得2004年歐洲國家盃冠軍。

自此希臘成為國際足壇的中堅份子，又一個10年已經過去，期間的世界盃和歐洲盃決賽圈，希臘只在2006年世界盃缺席過一次。雖然雷哈格爾4年前已經離任，接任的教練桑托斯（Fernando Santos）縱然是來自葡萄牙，他也是沿用紀律和防守去維持希臘足球的風格，可見希臘足球已經深深烙下德國足球的痕跡。

在球會層面上，希臘足球也是由幾個豪門球隊壟斷，他們是奧林匹亞科斯（Olympiacos）、帕納辛奈科斯（Panathinaikos）和AEK雅典（AEK Athens）。希臘聯賽球隊的組軍方式跟土耳其相近，也是以本土才俊配合西歐聯賽遺老。奧林匹亞科斯曾經有前金球獎得主利瓦爾多（Rivaldo）、前世青盃金球獎得主薩維奧拉（Javier Saviola）、前法國國腳卡倫布（Christian Karembeu）等名將。帕納辛奈科斯也有克羅埃西亞在1998年世界盃奪得季軍的成員雅爾尼（Robert Jarni）和阿桑諾維奇（Aljosa Asanovic）、葡萄牙名將保羅索薩（Paulo Sousa）。AEK雅典就有前切爾西鋒將古德約翰森（Eidur Gudjohnsen）、塞內加爾名將迪烏夫（El Hadji Diouf）和葡萄牙中堅阿爾維斯（Bruno Alves）。

雖然希臘球隊還沒在歐洲賽贏過冠軍，該國聯賽也飽受假球和國內經濟破產影響，AEK雅典也因為破產而已經降到第3級聯賽，奧林匹亞科斯和帕納辛奈科斯仍然保持一定競爭力，奧林匹亞科斯更在本屆歐冠16強嚇到曼聯。另外，該國另一支球隊的PAOK，本賽季也有一些曾效力西歐主流聯賽的實力戰將，例如老將卡楚蘭尼斯（Kostas Katsouranis）、荷蘭國腳馬杜羅（Hedwiges Maduro）、斯洛伐克中場斯托赫（Miroslav Stoch）。光是看這些球員名單，都已經讓外地球迷增加對希臘聯賽的關注。

希臘國家隊。｜Nike 提供

文 樂比堅尼

Chapter16

足球王國巴西

曾經以為，世上沒有一個地方比巴西更適合主辦世界盃，這個曾五奪世界盃的國家，有「足球王國」的美譽，幾乎所有巴西人都熱愛足球，流著足球的血，但或許這個年代的足球已變了質，不再是純粹的運動競技，而是事事講求商業化，所以自巴西奪得2014年世界盃主辦權以來，大大小小的示威不斷，當地人民都認為政府應增加資源在社會民生上，而不是浪費人力物力，粉飾太平。

巴西地位神聖超然

撇開政治及社會因素，巴西在足球界的地位依然是神聖超然的，即使巴甲的水平及規模，遠不及歐洲的頂級聯賽，但作為全球最大的球員輸出國，巴西球員就是品質的保證，歐洲四大聯賽固然是巴西球星的舞台，即使遠至東歐的俄羅斯、烏克蘭、亞洲的日本、泰國、印尼及馬來西亞，也可見到巴西球員的蹤影。

根據國際足聯統計，巴西每年有近千名球員在世界各地球會效力，幾乎世界每個角落，只要有職業聯賽的地方，都有巴西球員，除了因為巴西優秀球員十分多，巴西球員適應力強也是主要

巴西球迷以熱情見稱。｜樂比堅尼 提供

馬拉卡納球場是世界盃及奧運會的重要場地。｜樂比堅尼 提供

原因，不少巴西球員在海外踢球一段日子，都會落地生根，甚至歸化入籍代表其他國家，例如日本名將瑠璋（Ruy Ramos）及呂比須（Wagner Lopes）都是巴西球員，之後歸化代表日本隊。

歐洲方面，近代較著名的巴西歸化球員，則有葡萄牙的德科（Deco）及西班牙的迪亞高哥斯達，由於巴西人才濟濟，他們在巴西國家隊未必有發展機會，故最終決定改變國籍。

森巴足球歷史

究竟巴西人為何這樣熱愛足球？首先要談談巴西足球的歷史。眾所周知，足球的起源地是中國，但把它改良及發揚光大的是英國人，所以巴西興起足球，最初也是由英國傳入的。

當時一位在巴西聖保羅市出生，擁有英國血統的年輕人查理威廉米勒（Charles William Miller），在十歲的時候到英國留學，且深深愛上了足球，所以當他返回巴西後，決定把足球帶

進巴西，連他自己也意想不到，足球會在巴西落地開花，他和一班志同道合的朋友，於1902年創立了聖保羅州聯賽，這也是巴西最早期的聯賽。

巴西稱霸世界盃

巴西在1923年加入國際足聯，並且在1930年參加了首屆世界盃，自始便成為世界盃的常客，是唯一未缺席過任何一屆世界盃決賽圈的國家。

因二次大戰關係，世界盃曾經停辦達12年，1950年世界盃重新舉行，巴西首次成為主辦國，當時有13支球隊參加，4強採用循環賽制，巴西只要在最後一仗打和烏拉圭便能奪冠，可惜烏拉圭最終以2比1反勝巴西，令「森巴兵團」屈居亞軍。

巴西要在1958年才首嘗冠軍滋味，當時年僅17歲的比利鋒芒畢露，在賽事中射入6球，當中包括決賽梅開二度，助巴西擊敗瑞典5比2封王，巴西在「球王」比利帶領下進入盛世，再奪1962及1970年世界盃冠軍，不但成為首個三奪世界盃的國家，更永久擁有「雷米金盃」。

踏入上世紀的1980、90年代，巴西每次出戰世界盃都是大熱門，可惜直至1994年美國世界盃，巴西才能第4次捧走世界盃，當時巴西雙箭頭羅馬利奧（Romario）及貝貝托（Bebeto）的組合，令敵方後衛聞風喪膽。

巴西在1998年再度殺入決賽，可惜不敵東道主法國0比3，幸好2002年憑「外星人」羅納度大爆發，決賽擊敗德國2比0，第5度封王，而捧盃的隊長卡福（Cafu）不但連續參加3屆世界盃決賽，更是巴西史上代表國家隊次數最多的球員。

獨特聯賽制度

巴西甲組聯賽創立於1959年，當時制度較混亂，直至1971年大力改革，才開始漸具規模，由於巴西地大物博，交通又不發

巴西目前的主力球員，左起為大衛路易斯、內爾馬、席爾瓦。｜Nike 提供

達，當時要舉行全國性的聯賽有一定難度，所以在那個年代，州聯賽的地位及水平仍然很高，其中又以聖保羅州聯賽及里約熱內盧州聯賽最受重視。

雖然巴甲在1971年大革新，但賽制仍不斷轉變，更曾試過淘汰賽形式，參加球隊也有多有少，第一屆巴甲賽事共16支球隊參加，最多的一屆多達116隊參賽（2000年），賽制採用分組及淘汰賽形式。直至2003年，巴甲的賽制才穩定下來，就是採用現有的雙循環形式，每支球隊主場、作客交手共兩次，由2006年開始，參賽球隊亦確定為20支球隊

巴甲的賽季是由5月至12月進行，州聯賽則由1月開始展開，踢

到5月才決勝負，所以巴西球會一年踢的賽事相當多，若要同時兼顧巴西盃、南美自由盃甚至俱樂部世界盃的話，一季隨時要踢80－90場比賽，可謂相當誇張，故巴甲球會通常有三、四十名一隊球員，甚至會分兩支小隊，兵分兩路，分別應付聯賽及盃賽。

巴甲亦曾出現過假球醜聞，當中以2005年那次最轟動，有11場聯賽涉及球賽操控，需要進行重賽，令巴西聯賽的名聲進一步受損，由於大量球員外流，巴甲球隊吸引不到本地球迷的興趣，熱愛足球的巴西總統盧拉（Lula da Silva）在2007年簽署《熱愛球隊法》，希望球會在政府的財政支持下，吸引到更多球迷，隨著巴西經濟起飛，近幾年巴西球會已有較多現役球星留下，如羅納迪諾、柏圖（Alexandre Pato）及弗雷德（Fred）等。

巴西國內著名球會

球隊名稱：聖保羅（Sao Paulo FC）

成立年份：1935年

球場名稱：莫隆比球場（Estadio do Morumbi）

巴甲冠軍：6次

州聯賽冠軍：21次

南美自由盃冠軍：3次

俱樂部世界盃：1次

洲際盃：2次

著名球員：卡福、萊昂納多（Leonardo）、切尼（Ceni）

球隊名稱：桑托斯（Santos FC）

成立年份：1912年

球場名稱：維拉貝爾米羅球場（Vila Belmiro）

巴甲冠軍：8次

州聯賽冠軍：20次

南美自由盃冠軍：3次

洲際盃：2次

著名球員：比利、內馬爾（Neymar）

球隊名稱：弗拉門戈（Flamengo）

成立年份：1895年

球場名稱：馬拉簡拿球場（Estadio do Maracana）

巴甲冠軍：6次

州聯賽冠軍：32次

南美自由盃冠軍：1次

洲際盃：1次

著名球員：濟科、貝貝托

文 謝凱邦

Chapter17

南美嘉年華

處於地球另一端的南美大陸，對台灣人而言較為陌生，但不折不扣是個盛行足球大區塊。足球隊南美人來說，不僅是生活、是信仰、更是一切。

自己喜愛的球隊每當贏球時，大街小巷煙火四射的，活脫脫是個嘉年華慶典。但如果輸球，街頭暴動燒汽車砸玻璃丟汽油彈等劣跡斑斑也時有耳聞。這幾年台灣轉播的足球賽事越來越多了，歐洲主流聯賽加上歐冠聯等都能收看得到，但南美地區的足球新聞及小故事等就乏人問津，訊息接收的管道也不多。這次為讀者朋友概略介紹一些通俗的南美足球文化。

南美洲簡史

提到南美足球，也得介紹該大陸的歷史背景。大航海時代，哥倫布發現新大陸後，西班牙、葡萄牙這兩大歐洲拉丁民族開始了長達300年的殖民統治時代。大陸上的原住民如印第安人、馬雅等民族不是被濫殺，就是死於歐洲帶去的傳染病，只有少數被同化。

爾後風聞在南美大陸有大量白銀的歐洲人，一批一批的抵達新天地要來開拓自己的人生。其中有不少從非洲大陸擄獲的黑人也跟著過來。就這樣由歐洲白人、非洲黑人及為數不多的原住民，開始融合成了一個與歐洲很相似，卻又加入外來元素的新文化。

18世紀末美國獨立戰爭及法國大革命爆發，自由平等思想也在南美地區萌芽，他們同樣發動武裝革命，逐一擺脫西班牙及葡萄牙的殖民統治。於是一個個熟悉的名字，巴西、阿根廷、智利、厄瓜多及哥倫比亞終於獨立。300年的殖民統治時期，在位者依舊是白人，語言也保存了下來，除巴西講葡萄牙語，其它南美各國的官方語言全是西班牙文。

梅西是近年阿根廷最出色的球星｜adidas 提供

在殖民統治期間，由於與歐洲大陸有著極為頻繁的往來，英格蘭商人也將足球帶到了南美洲，經過多年的磨合，南美人逐漸踢出自己獨有特色的東西。

不同於歐洲足球講究的紀律及戰術，南美足球則顯得更具個人主義色彩。開朗、熱情、充滿野性美，說他們是在踢球，更像是在看一場舞蹈。這是他們對於足球的理解嗎？不如說這是他們對於本身活力的釋放。足球對於拉美人來說，熱情才是最重要的踢要踢的好看，太沉悶的場面，老爺太太們絕不買帳。

注重個人技術

大玩腳下技術、進球如麻，基本上就是南美足球最佳寫照。但是過於展現個人主義，在戰術思想上就明顯落後於歐洲老大，而且也不是很在意防守端。60至70年代，南美足球在世界盃賽場往往打不出好成績，雖然在自家的南美聯賽能打得順風順水，但面對外來強敵卻有些不靠譜。

由於先前曾被橫空出世的17歲小將，日後的球王比利及邊路怪才，綽號小鳥的加林查（Garrincha）給羞辱過，精打細算的歐洲人也慢慢知道要如何對付這些個頭不高但腳下卻異常靈活的南美人。

吃過不少虧後，南美球壇也開始像白人大哥學習更為深入的戰術思想，何時該進攻，何時又該防守，而不是當對方打起鐵桶陣時，還一古腦的想靠個人技術打開僵局。

就這樣1986年的墨西哥世界盃，阿根廷以絕對中場核心做為戰術思想，馬拉度納率領阿根廷隊攻克英格蘭、比利時及西德等強敵後，南美人再次君臨世界足壇。現在的南美足球，大多數也不像從前那般的忽略防守。

探戈與阿根廷

談到南美文化，更得提到探戈這個風靡世界的舞蹈。搭配起略微淒美又扣人心弦的樂曲，再觀看男女舞者間帶有挑逗及震撼力的舞步，對聽覺及視覺都是極佳的享受。

但探戈的起緣，聽上去也同樣的悲情。早先南美大陸有大量白銀的消息傳開後，想發達的白人們變賣家產，只為買到前往新大陸的船票。來到這裡後，才發現其實根本沒有那麼多的白銀。兩手空空，也買不起回程的船票了，只能心不甘情不願的待下來，並做些粗活工作來維持生計。

每到晚上休息時間，拖著疲憊的身子，思念著再也回不去的歐洲大陸。何以解憂，唯有杜康。上酒吧喝個小酒，酒精下肚後，有人彈起了思鄉的樂曲，很是哀愁，工人們則和酒店小姐們順著舞曲跳起少見的舞蹈，思想太痛，不如短暫留戀於歡場來得好。

久而久之在南美大陸傳開了，探戈成為了阿根廷的代表性舞蹈，就算不會跳舞，但大多人也愛純聽它的舞曲。而阿根廷足球，也有人稱它為探戈足球，不是說他們的腳法像在跳探戈，而是一系列的阿根廷足球故事就像這帶有哀傷的曲風般，透露出悲情的色彩。

1982年的福克蘭戰爭，英國人重重打擊了阿根廷人的自信心。4年後馬拉度納以一記手球騙術狠狠回擊了英格蘭一巴掌。自此阿根廷人奉馬拉度納如若神明，瘋狂的支持者甚至成立起了馬拉度納教派。

但此後的阿根廷，雖然也出過不少世界級名將，但卻都再無法帶阿根廷重回當年的高度。2010年老馬執教阿根廷衝擊南非賽場，哪怕他一輩子都糊里糊塗的過日子，人們依舊選擇將信任交給他，沒有其他，帶有浪漫色彩的英雄主義就是阿根廷人的中心思想，贏要贏得酣暢淋漓，輸也要輸到痛斷肝腸，有點不理性，也有些不切實際，但這就是阿根廷人。喜歡阿根廷足球的朋友，自身性格或許也有這些色彩。試問2002年韓日世界盃，當阿根廷在小組賽被淘汰，巴蒂斯圖塔淚流滿面的那一畫面，有誰不為之動容？

南美奏鳴曲

整個南美國度可視為一個大整體，它不同於歐洲區塊般壁壘分明。但細細品味後，您可以發現，其實他們還是有那麼點不一樣的地方。巴西與阿根廷是出產最多優秀球員的國家，兩國的聯賽在南美區排名前二，前者的聖保羅與弗拉門戈，阿根廷的博卡青年（Boca Junior）及河床（River Plate），都是孕育少年球星的大溫床。

烏拉圭算是南美的第三強，他們踢球風格卻是繼承了英式足球的硬朗及慓悍。巴拉圭則個是落實防守戰術的隊伍，在南美區是個異類。

90年代的哥倫比亞是世界頂級強隊，擁有絕佳的個人技術及富有創造力的中場大腦金毛獅王巴爾德拉馬（Valderrama），雖曾沒落一段時間，但今年又回到了32強隊列。

智利、秘魯也有不少效力於歐洲的好手。玻利維亞與厄瓜多，雖然沒有太多知名的球星，但由於兩國都是地處海拔3,000公尺的高原國家，在此生長的球員自小習慣稀薄的氧氣，向來體能充沛，而前往他們國家參賽的隊伍，也往往會踢到鐵板。

美洲國家盃

10個南美國家每4年也會舉辦一次美洲國家盃，分成3個小組，一組4隊，另外兩隊則會自中北美地區，比如找墨西哥或美國。也會邀請其他洲別的國家，如日本等都曾被邀請。

各組的積分前兩名直接晉級，剩下的則是從三組的第三名中挑成績較佳的前兩名，就這樣晉級8強，然後4強至決賽，算是比較特別的賽制。美洲盃往往是球員們大顯身手的賽場，大家可

烏拉圭取得2010年世界盃第四名的功臣之一弗蘭
｜adidas 提供

阿根廷大戰巴拉圭｜adidas提供

以盡情的玩起腳下技術，旅外好手也能暫時忘了歐洲嚴格的戰術要求，踢得很放鬆，也很寫意。由於10個南美國家彼此太了解，強如巴西及阿根廷未必每次都有好成績，迄今美洲盃奪冠次數最多的，反而是身為老三的烏拉圭。

足球對於南美人而言，從來就不是一場單純決一勝負的比賽，而是生活。南美人離不開足球，足球也因南美人讓這個世界見識到了足球可以讓人們瘋狂到一個不可思議且又忘我的境界。數年前在阿根廷，有一批要坐火車去看比賽的球迷，只因火車誤點，發狂的球迷一怒之下竟把火車站給燒了。人們常爭論，比利與馬拉度納誰才是真正的球王，這兩位老頑童也時常透過媒體隔空開火，總是要酸對方一下，而這兩人，也都是南美人。

文 傑拉德

Chapter18
亞洲一哥日本

台灣曾經受過日本人統治，受日本影響很深，當時的日本便把棒球運動帶來台灣，不過時代不斷進步，日本人的棒球至今仍然是國球，但日本人也同時發現，原來利用運動去增加國際知名度，甚至要稱霸世界，只有發展足球一途。

就是為了要國際化，日本人便決心再一次進行「脫亞入歐」的計劃了。約二十多年前，日本的「足球維新」開始，政府大力提倡，及所有學校都配合，短短幾年之間，日本由一個亞洲足球弱國，竟然可以成為強國。我記得當年日本提出的口號是：「愛棒球，也要愛足球」。

而且，也不惜投下巨資，大量興建足球場，並且高薪聘請外國教練及力邀外國球星加盟，使第一屆的日本聯賽已充滿了熱鬧氣氛。

於是日本人為了提升自己國家隊的水準與即將舉行的日本聯業聯賽造勢，主辦了1992年的亞洲盃，並在自己的國土上，首次奪得了亞洲盃冠軍，在1992之前九屆亞洲盃中，連四強都沒有晉級過，自此之後，日本再奪得三次亞洲盃冠軍，奪得四屆冠軍的日本，超越沙烏地阿拉伯與伊朗三奪冠軍，成為亞洲一哥。

申辦世界盃

為了得到更多國民支持，日本決心申辦世界盃，當時國際足聯是希望2002年在亞洲舉行，而日本的競爭對手南韓也提出了申請，結果國際足聯提出一個折衷辦法，日本與南韓共同合辦2002

川崎前鋒吉祥物｜©J.League Photos 提供

年的世界盃。

在大力發展足球之後，這支新晉的亞洲冠軍，在1994年世界盃的資格賽，在最後一場面對伊拉克的比賽，只要擊敗對手便能首次晉級決賽圈，可惜他們在一度領先2：1的情況，於最後一刻被對手扳平，日本錯失了晉級機會。

四年後的世界盃，日本終於年首次出席世界盃決賽圈了，雖然在小組賽三戰皆墨，但已獲得了不少經驗。

直到2002年的世界盃，日本終於獲得世界盃的第一場勝利，在首場與比利時打成2：2平手後，之後便以1：0擊敗歐洲強國俄羅斯，最後再以2：0擊敗非洲的突尼西亞，首次晉級到十六強。而2010年的世界盃，日本於小組賽分別擊敗喀麥隆及丹麥，首次於本土以外晉級十六強，可惜與巴拉圭力拼至加時仍未分出勝負，最後於互射十二碼落敗而出局。

值得一提的是，日本女足的進步也令人驚訝，她們於2011年的女子世界盃中，一舉擊敗勁旅德國、瑞典及美國，首奪冠軍，成為亞洲第一個國家奪得國際級足球冠軍，陣中的澤穗希、熊谷沙希、宮間綾等表現更是一鳴驚人。

日本聯賽職業化

日本人做事情一向都十分認真，無論做什麼都有長遠的計劃，當時前日本球星川淵三郎決心推動日本足球，並要爭取成為亞洲第一個舉辦世界盃的國家，但要申辦世界盃必須有兩大要素，一是必須有完善的職業聯賽、二是有一支有實力的國家隊。

雖然日本早於1965年已有聯賽舉行，不過一直只是業餘性質。終於，在1993年日本進行了首屆職業聯賽，剛好在這之前的1992年，日本主辦了亞洲盃，並在主場之下勇奪冠軍，這次的冠軍正好振奮了全日本，也促使了日本職業聯賽更能夠順利的進行。

日本當時對於足球的發展定出四個目標：

1. 振興日本運動文化；
2. 加強日本足球水準；
3. 提升教練選手地位；
4. 整頓興建球場設備。

一眾奪得亞洲盃冠軍的成員，如三浦知良、福田正博、北

烏拉圭球星弗蘭於2014年加盟大阪櫻花｜©J.League Photos 提供

澤豪及中山雅史等，也為職業聯賽的創始球員。

而當年的日本經濟相當強盛，大量的資金投入到足球市場，並邀請到多位世界有名的球星加盟，令比賽更具水準，當年的巨星多不勝數，包括英格蘭的萊恩克（Gary Lineker）加盟名古屋鯨魚、巴西球王濟科（Zico）及後來轉至AC米蘭的巴西左腳王萊昂納多加盟了鹿島鹿角，1994年的世界盃金靴獎得主，保加利亞的斯托伊奇科夫（Hristo Stoichkov）到了柏雷素爾，還有前巴西國家隊隊長、現任巴西國家隊主帥鄧加（Dunga）更是在磐田山葉結束了球員生涯，當然，還有昔日南斯拉夫的巨星斯托伊科維奇（Dragan Stojkovic）球員時代及後來當上教練都在名古屋鯨魚。還有許多許多……。

除了球星外，著名教練同樣不少，如兵工廠的溫格便曾執教名古屋鯨魚。而且還有不少企業也都投放資源在足球上，如日本航空、日立電器、日產汽車、松下電器、麒麟啤酒…等等，使得日本的足球發展，越來越有吸引力。

2009終於形成了一個具規模且制度化的聯業聯賽，J1、J2各有18支球隊，並以城市為球隊命名，從北海道到九州，都有不少足球隊。剛過去一年的入座率，

大阪飛腳名將遠藤保仁。｜©J.League Photos 提供

平均更達到二萬人，部份一些大城市球隊，如新潟、東京等可超過三萬人，埼玉的浦和更可達到五萬人。

還有一點可以看出日本人對足球的重視，每年的一月一日元旦，日本人非常重視的新年，他們安排了天皇盃的決賽上演，可以說，今天足球在日本的地位，與棒球相比，可說已到了過之而無不及了。

廣島三箭前鋒佐藤壽人。｜©J.League Photos 提供

日本特色

日本足球從亞洲足球弱國，變成一個亞洲足球強國，從各方面的努力下，終於出現不少的球星，從第一代的國寶三浦知良開始，到後來的中田英壽，前段時期的中村俊輔，及今天的香川真司、本田圭佑等，無一不是日本人心目中的英雄。

日本聯賽剛開始時，都是輸入外國球星，當日本的足球水準越來越高後，現在反而輸出不少球，例如：中村俊輔、小野伸二、森本貴幸、大黑將志、稻本潤一、中田浩二、本田圭佑、香川真司、清武弘嗣、乾貴士……等，都是現在或曾經效力歐洲的俱樂部，而且，都出現在德甲、英超等歐洲主流聯賽。

日本足球還有一個非常特別之處，就是把足球變得潮流與商業化，他們身上所穿著的球衣，都是顏色鮮艷，而且設計獨特，

日本球迷對足球相當熱情。｜犬夜叉 提供

每一件都令人愛不釋手。

為令比賽更具可觀性，及增加日本聯賽的品牌影響，在2010年的賽季，他們更委任了當紅女優木下優樹菜成為聯賽的公開部長，日本人認為足球和美女兩個吸引男性注意力的的元素結合一起，必定會產生更大的影響力。

日本足球小知識

日本首個世界盃進球，是在1998年對牙買加時，由中山雅史所射進的。

日本職業聯賽年紀最大的球員，是第一代日本國寶三浦知良，三浦知良於1967年2月26日出生，直到2014賽季，他仍然在馳騁球場，效力FC橫濱，他在日本聯賽每出場一次都在創造紀錄。

中田英壽是一位在歐洲四大聯賽中能獲得聯賽冠軍的球員，他在2000－01賽期，協助羅馬奪得義甲冠軍。

2001年的洲際國家盃，日本奪得了亞軍，是日本在國際足聯比賽的最佳成績。

文 陳銳誠

Chapter19 美國不再沙漠

1190年中世紀時代，遙遠的法國出了一句古諺，叫作「羅馬非一天建成」，在今天的世界球壇同樣適用。英國足球經歷了超過700年的洗禮，才有現在被譽為世上最受歡迎的英超聯賽，而西班牙足球也發展了超過100年，才成就了今天的西甲聯賽。

多年以來，美國最流行的運動一直都是棒球、冰球、籃球和美式足球（American football / Football），而我們眼中那顆圓形的足球，對美國人而言則不值一提，儘管他們的國家足球隊（US men's national soccer team）早在1884年便成立。可以說，誰也沒料到在接近100年之後，足球竟然會異軍突起，從1994年開始成為美國人眼中一項重要運動。

1994年之前：美國推動不起足球的原因就是錢！

每個國家都有各自的文化，而這對於當地的運動發展亦有深遠影響。例如香港身為亞洲足球歷史最深遠悠久的地方，雖然早年受到英國人的幫助而一時大振，但隨著經濟的高速發展，場地開始受到限制，社會氛圍開始變成「金錢至上」，足球以及各種運動開始被冷落，加上後來出現的各項因素，繼而陷入惡性循環，難望翻身。

至於美國，足球不流行的表面原因與香港一樣都是「錢」，但深究下去卻原來是另一種更深的層次。與其說他們推動不起來，倒不如說是他們從一開始就不打算推動。

1783年，美國透過獨立戰爭

擺脫英國的殖民統治，成為美洲大陸上首個獨立國家。嚮往自由的他們奉行著資本主義，主張人權自由之餘，亦強調市場自決的經濟自由。在這個國營企業不存在的國度，商人們在備受社會認同的公平法律下享受著，用各種商業技巧謀利。

上世紀50年代，電視機開始普及，並於1960年代在美國流行起來。電視節目和各種現場直播創造了一個新的營業模式，品牌企業可以選擇受歡迎的電視節目冠名贊助、在節目內容注入軟性

丹普西是美國近年最出色的球星之一。｜Nike 提供

銷售，甚至與電視台協商指定直播的節目，例如運動和政治都是為男人所關注，競選團便會買下黃金時段，指定電視台轉播某球賽，然後在其中加插競選廣告。

電視機在美國普及之初，美國人愛玩的運動包括棒球、足球、美式足球、籃球和回力球（有點像壁球）等。大家起初對這幾項運動沒有特別的等級概念，但當有企業希望進行運動賽事贊助時，人們的想法便會受到影響。

在當年的美國商人眼中，今日所謂的「國球」、「國技」概念根本不存在，只有受歡迎與不受歡迎之分。他們認為，高得分、高頻率、進球次數多和衝撞激烈的運動歡賞性較高，給觀眾帶來的刺激較強，能夠使人們願意守在電視機前，並對期間播出的廣告產生深刻印象，從而將廣告效益最大化。

按照這個原則，節奏多變，隨時出現悶場的足球當然不會被

商人相中，回力球亦然；籃球、冰球、棒球和美式足球則理所當然地成為商業贊助的熱門運動。如是者，電視台與企業合作無間，一方靠轉播財源廣進，另一方透過贊助和廣告賺到更多錢或達到其他目的；四大運動的商業價值由此而生，繼而開口收取轉播費，其在民眾間日漸提高的關注度也為各球隊和賽事帶來無限商機，展開了蓬勃的發展。

世界盃促成美職聯成立 源起竟是大英帝國？

美國在1967年首度出現職業足球聯賽，而且一來便是兩個，分別為美國足球協會聯賽（United Soccer Association）和全國職業聯賽（National Professional Soccer League）。時至今日，美國頂級足球賽事已演變成美國職業大聯盟，但當年分東、西岸的分區賽制卻一直沿用至今。

一般認為美國足球得以在20年前興起，是因為1994美國世界盃，但這其實也是大英帝國（British Empire）在數百年前由其強大殖民統治所種下的因所結出的果。

與其他帝國主義的國家不同，大英帝國所採取的是「進步式帝國主義」（progressive imperialism），即以普世價值（globalism）為基礎，在相對落後的殖民地發展文明，而非那種以掠奪為核心的「毀滅式帝國主義」（regressive imperialism）。在這個前提下，其國內極流行的足球運動就此流傳到世界各地。英兵將這項運動帶到香港，甚至連並非英國殖民地的台灣，也由英人傳教士萬榮華（Edward Band）在長榮高中擔任校長時開始埋下足球種子。

由於足球講究球員的團結、技術、力量和速度，多變的互動令人對此一試愛上。殖民地獨立後有了自己國家隊，其他國家即使沒有在政治上與英國有任何瓜葛，後者在文化上也引入了足球，使其他國度都流行著這項令人心醉的運動。至1930年，首屆世界盃終於在烏拉圭舉行，東道主力壓其他12支參賽球隊成功奪冠，而美國也　先後打敗了巴拉圭、比利時和南斯拉夫躋身季軍。

貝克漢曾效力洛杉磯銀河。｜adidas 提供

來到五十八年之後的1988年，美國本土足球孤獨地經歷多年的低潮後，世界各國的足球水平早已發展得相當發達。世界盃一屆又一屆地舉行，列強一次又一次地在球壇稱霸世界，美國看在眼裡也實在不爽——並非因為美國足球水平低下，而是他們沒有機會承辦世界盃這個能賺大錢的黃金商機。

於是，他們組織了一個申辦世界盃顧問委員會，並委任熱愛足球的前國務卿季辛吉（Henry Kissinger）為主席。成功申辦1994世界盃後，季辛吉還成為了賽事組委會副主席，成就了被稱為史上最賺錢的一屆世界盃。

而美國職業足球大聯盟（MLS），也是由始而生。1993年，為了符合國際足聯要求和規定，美國足協成立了企業化管理和擁有建全制度的美職聯，取代了北美足球聯賽（NASL），成為

美職聯小檔案

聯賽全稱：美國足球職業大聯盟（Major League Soccer）

參賽球隊：19隊（2014賽季）

球隊分佈：美國（16隊）、加拿大（3隊）

聯賽制度：賽季由3月至12月，分開東岸（10隊）、西岸（9隊）比賽，19支球隊中最高分的將獲得支持者之盾（Supporter's Shield）；東岸、西岸各自最高分的5支球隊進入季後賽爭逐總冠軍（大聯盟盃，MLS Cup）。

大聯盟盃奪冠次數最多球隊：洛杉磯銀河、華盛頓聯隊（DC United），同得4次

支持者之盾奪冠次數最多球隊：洛杉磯銀河、華盛頓聯隊（DC United），同得4次

美國國內的頂級足球聯賽，並於1996年完成了十支球隊的組建，展開第一個美職聯球季。

百年磨劍終成器 美職開始賺錢之旅！

原本美國申辦世界盃的原因，只不過是以商業角度出發，卻沒料到順應要求而出現的美職聯，竟然因為美國國家隊的成功而鋪下了成功的伏線。

1994年夏天，以一大撮金黃色頭髮和山羊鬍子的「謝遜（金毛獅王）造型」示人的美國隊中後衛拉拉斯（Lalas），在自己的土地上登陸了世界盃大舞台。面對同樣擁有一名「謝遜」巴爾德拉馬（Valderrama）的哥倫比亞，美國憑對手後衛埃斯科巴（Andres Escobar）的烏龍球，成功以2：1獲勝，加上1：1逼和瑞士，殺至16強才被巴西以0：1踢出局，超出了所有人的期望，從此點起了美國足球的星星之火。但不幸的是，這位扭轉美國足球命運的埃斯科巴，卻在回國後慘遭槍殺，以作為貢獻烏龍球的「懲罰」。

回憶起當年往事，拉拉斯曾說：「94世界盃改變了我的一生。美國的足球文化自1994年起便改變了，美國人看到了國際足球並非只有頂級球員才能獲勝，任何一支球隊都有機會。對於很

美國男女及小朋友都對足球相當重視。｜Nike 提供

多美國人來說，1994年夏天才是他們第一次尊重所有水平的球員。我知道這很難讓人理解，但那年的確對美國足球帶來了重大影響。」

世界盃過後，拉拉斯加盟帕多瓦（Padova），成為第一名加盟義甲球隊的美國球員。他在1996年回流至美職聯，曾先後效力新英格蘭革命（New England Revolution）和洛杉磯銀河（LA Galaxy）等球隊。值得一提的是，巴爾德拉馬和墨西哥的甘波斯（Campos）等球星，也曾於世界盃後在美職聯征戰了一段長時間。掛靴後，拉拉斯擔任銀河隊主席兼總經理，在2007年以總值3,250萬美金的五年合約簽下貝克漢，震驚了整個世界球壇。

2014年夏的巴西世界盃已經是美國隊第9次殺進決賽圈，也是自1990年起的連續第7次。在這段期間，美職聯不斷進步，至今已擁有驕人成就。他們用世界盃在足球當中創造出巨大財富，無心插柳地增加了國人對足球的興趣，從而提高了聯賽的商業價值，亦引來不少球星加盟。例如2014年球季的多倫多FC（Toronto FC）便「斥巨資」，簽下了熱刺的迪福（Defoe）、羅馬的布拉德利（Michael Bradley）和女皇公園巡遊者的塞薩爾（Julio Cesar）。而紐約紅牛（New York Red Bulls）亦分別於2010年和2012年，簽入亨利（Henry）及卡希爾（Tim Cahill）兩名頂級球星。

據權威商務雜誌《富比士》（Forbes）在2013年11月的統計，美職聯賽現值1億300萬美金，旗下球隊西雅圖海灣者（Seattle Sounders FC）的估值更達到1.75億美金，比他們在2009年向美職聯繳交300萬「入場費」時增長了483%。而已經退役的「萬人迷」貝克漢，亦已經投下巨資興建球場，計劃在邁阿密組建一家新球會參加美職聯賽。

美國足球小知識

美國足球一向被人形容為弱隊，但美國曾於1930年的世界盃獲得第三名。

1950年美國在世界盃以1：0擊敗英格蘭，震驚世界，就連在英國的記者收到電報時都不相信，更私下將記錄改為英格蘭10：1勝。

MLS的賽制是歐美混合制，除了與歐洲的聯賽制度，勝方得3分，和得1分，及負0分之外，也增設季後賽及東西岸之分，並且沒有升降制。

美國女子足球是全球霸主，她們分別奪得過四面奧運女足金牌（舉行過五屆）及兩屆世界盃冠軍（舉行過六屆）。

Chapter20

香港浮沉錄

文 李凱倫

香港足球是一家歷史悠久的茶餐廳，香滑的奶茶香氣四溢，茶杯雖然缺了一個小口，但那麼味道還是讓人冒著刮傷嘴的風險，讓它一口口滑進喉嚨。香港足球正處於谷底回升的趨勢，生意似乎很不錯，但店裏的衛生條件有待改善。

過冷河

耆英1842年在南京條約上豪筆一揮，香港來到歷史的拐角，以後的百多年漁民們收起漁網，走入工商業社會。英國水兵把足球帶到這個漁村，開啓香港足球的百年浮沉錄。

一開始，只有洋人去踢那個

香港隊在台灣奪得龍勝盃冠軍。｜中華足協 提供

由皮革包裹著豬膀胱的皮球，隊員數目沒有限制，兩支旗杆往地上一插成門柱，以繩子聯起兩邊杆成門楣，一切都很原始。雙方不是在比賽，而是在瞎玩，球員為搶到球不惜踢對方的腳，為了避免被搶到球不惜用手拿球。準確點說，那是介乎橄欖球和足球之間的運動。六年後，英國人為足球立下規矩，禁止踢腿勾腳，手部只能用以空中停球，但不能持球開溜。

1886年，英國商行地員工成立香港首家球會——香港足球會（簡稱港會），是至今亞洲歷史最悠久而又繼續參賽的球會。1908年，華人學生莫慶和同學成立香港第一家華人球會——華人足球隊（1910年改名為南華足球會，代表中國華南地區奪得首屆全國運動員的冠軍），同年香港足球聯賽正式成立，共有8支球隊參加，1914年香港腳球總會成立。1924年，南華打破英國人壟

貝克漢訪問香港。｜adidas 提供

斷奪得聯賽冠軍。

香港聯賽因二戰而停頓，1946年恢復後華人球隊增至七隊，合稱為「七華會」。之後50到80年代初是香港足球的風光時代，南華大戰巴士，精工大戰寶路華等戲碼，經常出現通宵達旦排隊買票的情況。華人球員如胡國雄，著名外援如荷蘭國腳加賀夫，令香港聯賽水平處於亞洲第一流。但聘用外援費用高昂，令球隊出現嚴重虧損，香港球市80年代中期開始下滑。

到了90年初，商人林建明大力注資東方，加上商業球隊依波路（手錶）、快譯通（電子辭典）等也紛紛踏足本地足球，使香港一時出現小陽春。可惜1998年爆發假球醜聞，一眾港腳陳子江、劉志遠、韋君龍、陳志強和陸嘉榮紛紛落水，分別被判入獄和終身停賽，香港足球步入寒冬。假球令到香港市民不再看香港足球，近十多年，香港球市奄奄一息，樂觀點看是在給粉面「過冷河」，以後入口更Q一點。

救命稻草——足彩

本地足球低迷，國際足球在香港卻如日方中，這有賴於電視直播的普及，以及足球博彩規範化的推波助瀾。2003年7月香港立法會通過有關法案後，8月1日正式開始接受投注。玩法五花八門，從主客和、讓球主客和、比數、首名入球等等，結果不開則已，一開群情洶湧。2009年賽馬會公佈，2008－2009年度足智彩投注額增幅高達1.9%（351億港元，約新台幣1,420億元），賽馬雖得668億港元，但比起前季卻只是負增長（-1.3%）。

足彩也挽救了本土餐飲酒吧行業的頹勢，每逢周六日深夜，茶餐廳外頭停滿了計程車，車頭都放上「暫停載客」的紙牌，司機們拿著體育報紙坐在餐廳裏看球。撥開店裏的煙雲霧海，還可以看到腳踩拖鞋的附近街坊，他們習慣在半夜下樓看足球直播，順便吃個夜宵。餐廳裏呼叫聲此起彼落，時而爆出一句髒話，時而聽到一聲聲的哀鳴。

茶餐廳的老闆們是最開心的一位，周末或周中歐聯門口必然掛起牌子，清楚寫明直播時間，以及特別推出的夜市看球套餐，往往比平時售價貴出20－30%，一份炸雞翅、薯條加飲料，已經可以賣到近40港元（約新台幣160元）。KTV店生意也火熱，許多年輕人喜歡包個房間，和朋友們唱歌看球，所以，如果中國自由行讓白天的零售業獲利最大，那麼足球直播和足彩的大受歡迎，就是香港夜經濟的推動力。

2010世界盃，就連香港的電影院也要分一杯羹。擁有11家影院的UA正準備讓世界盃在電影院裏上演，由於世界盃提供3D直播技術，雖然安裝有關設備費用高昂，該院線暫時不會提供有關服務。然而，只要世界盃給影院帶來可觀利潤，將來去影院看3D球賽，將是香港人一大樂趣。那麼茶餐廳怕不怕被搶走生意呢？何老闆說：「一到大型比賽，生意根本忙不過來，因此不會影響我們和酒吧生意，而且影院目標是中產人士，我們的客人卻只想啃雞腿。」

對於香港報紙媒體而言，足智彩的出現更是救命稻草。當90年代本地足球運動沉淪之後，本地報紙的體育版也開始萎縮。直到03年實現足智彩後，各大報紙紛紛加版挖人才，令體育媒體界有過一段高潮。《東方日報》和《蘋果日報》是香港兩大報業，周末足智彩賠率版經常是好幾版，體育新聞也壓縮以讓位給足彩推介文章。即使是《明報》、《星島日報》等以學生為讀者群的報紙，也面對現實，推出賠率版和推薦版。

電視風雲

由於香港人對足球的瘋狂，讓足球比賽轉播成了一門暴利。本地兩大收費電視台有線電視TVB

和Now電視就為英超轉播權幾度交手，勝負更波及各自公司的股價波幅，影響之大可見一斑。

2009年11月初，Now奪走西甲未來三季的轉播權，TVB則贏得英超三季轉播權。據悉TVB出價可能高達17.7億港元（約新台幣70億元），但這個利好消息一出，TVB寬頻股價馬上升21.1%至1.2。TVB重奪英超轉播權後馬上宣佈2010年8月增加月費。

TVB三年前失去英超流失大量客戶，2007年營業額為23.04億港元（約新台幣93億），比06年下跌10%，盈利1.82億，倒退0.14%。如今英超回歸後他們將乖乖回來，副總裁張志成更有信心登記客戶明年首季可突破100萬大關。「在11月16日重奪英超消息一出，來電詢問申請細節的電話，比平時多出幾十個巴仙。」

落敗一方的Now電視則吹淡英超的魅力。集團財務總監許漢卿強調失去英超省下不少錢，反而有助於明年實現收支平衡。節省下來的成本則將轉移到西甲轉播，總經理李凱怡透露付費客戶中只有一小部分只看英超，不少

在香港舉辦的英超亞洲挑戰盃。｜陳銳誠（Shing Chan）提供

客戶也購買其他頻道，他們都願意出兩百多港元的月費。

之後幾年香港足球的版圖都讓TVB佔去，包括2010世界盃、英超、歐冠聯等，因此Now只能加強對西甲直播的宣傳，作無力的反抗。不但多次派員親赴西班牙作實地評述，還請香港平面媒體作西班牙之旅，利用報紙加深對球迷的影響力。然而，恐怕未來三四年都動搖不了有線電視的霸業。

香港球迷也不是省油的燈，乖乖成為收費電視壓榨的對象。每逢周末或歐聯決賽的大日子，旺角、觀塘等地的24小時內地直通巴士站（由香港去內地）都出現長長人龍，球迷們寧願坐一個小時車去深圳的桑拿浴室，一邊給繃緊的肌肉、神經放放鬆，一邊收看內地免費的足球直播，一次下來也不過300人民幣，轉天早晨坐車回來上班，一點也不耽誤。幸好足球比賽是全球在關注的比賽，中國也提供大量比賽的轉播。

這現象還循環不息，2013年中開始，Now搶回英超的播映權，並繼續擁有歐冠聯的播映資格，而2014世界盃，又輪到TVB搶奪成功，這個電視足球戰在香港仍不斷上演。

南華現象

當香港球迷將焦點放在英超、西甲和歐冠聯，第一家華人球會南華也在苦苦打拼，試圖為本土足球打出一片新天地。羅傑承這位BMA娛樂公司的老闆，將在電影圈打滾的經驗應用在南華隊身上，給本地足球打了一劑強心劑。

2006年他重返南華時，南華是即將降級的球隊（或特赦），但頭一年就成為三冠王；07年成為雙冠王；08年也是三冠王。09/10球季是南華和本土足球騰飛的一年，09年亞協盃4強對科威特SC，香港大球場3.8萬張門票賽前一小時賣光，進場人數為37459

人，打破了大球場本地球賽入場人數的紀錄。

南華會不斷在製造球星和新聞，09年底爆發的「陳七現象」就是最好的例子。24歲的陳肇麒08年加盟南華，成為華人第一中鋒。09年11月南華和熱刺達成合作協議後，陳肇麒獲對方選中去倫敦參加訓練，此時他和女明星李綺雯的親吻照突然曝光，成為香港娛樂八卦雜誌的封面人物，一夜之間這位球星成了橫跨體育和娛樂版的明星。

無巧不成話，陳七注定要成為大紅人。

09年12月的東亞運動會，他身在熱刺趕回香港出戰決賽對日本的一役，結果他下半場入替兩分鐘就建功，最後更互射12碼擊敗對手，歷史性奪得足球金牌。陳七和一眾東亞賽英雄（其中大部分是南華或南華系球員）成為香港市民的偶像。羅傑承自然不放過吹捧的機會，讓陳七狂出席公開

南華隊。｜李凱倫 提供

活動，如今南華的部落格累計瀏覽量近2千萬，每日點擊率上萬。

然而，南華火熱是否也代表本地足球前景樂觀呢？答案是否定的。08/09球季爆發的屯門普高打假球疑雲，讓本地足球經歷了一次噩夢。本季，屯門普高更因沒有資金註冊，臨時退出本地聯賽，只剩下10支球隊參加。而本地足球除了傑志和南華實力較強外，其他球隊水平十分不濟，因此本地足球的看台經常都是空空的。

香港足總的形象也十分低落，2010年2月《壹周刊》踢爆主席梁孔德賬目混亂，上任三年來將兩千多萬港元（約新台幣一億元）盈餘敗光，最後連給職員發薪水的錢都沒有。足總不濟，南華系慢慢坐大，羅傑承身兼香港隊領隊一職，影響力比梁孔德更大，香港隊就曾因大部分是南華球員的緣故，受到亞洲足協的壓力。相對低調的梁孔德，羅傑承張揚的個性，在香港體育圈裡，更像是香港足球的掌門人。

羅傑承更與伍健、陳文俊等本地球隊的高層，提出成立港職

香港小知識

●「香港」首次參賽

雖然香港足球歷史悠久，但直到1956年才正式用「香港」名稱參加國際賽，首次參賽的比賽是亞洲盃。

●往日榮光

20世紀50－60年代，香港有兩批球員同時參加兩支代表隊出戰國際賽，分別是香港隊與中華民國隊，各項比賽包括奧運會、亞洲盃及亞運會，代表中華民國出賽的都是香港的精英，當年戰績輝煌。

●519之役

1985年5月19日的1986年世界盃資格賽，香港作客北京迎戰中國隊，當時的中國只需要打和便能晉級，結果香港憑張志德與顧錦輝的進球，以2：1擊敗中國而獲得晉級，中國視這場敗仗為國恥，每次對香港都不能忘記519一役。

聯的構思，參考英超模式成立獨立於足總的公司，籌辦足球聯賽。儘管梁孔德等足總高層一開始堅決反對，但礙於形勢比人強，最近態度也開始軟化。港職聯籌辦委員會更與政府的康文署交涉，初步訂下未來主客場地制度。09年5月25日，梁孔德終於屈服，宣佈接納籌委會建議，成立小組跟進。

歷來對本土足球零幫助的香港政府，看到東亞運動會金牌的面上，於2010年3月11日公佈推動本地足球發展顧問報告，目標在5年提高香港足球水平。包括建立訓練機構、足球獎學金等。

可惜愉園、屯門等球隊先後陷入假球醜聞，加上羅傑承行賄澳門運輸工物司前司長歐文龍案被判有罪，很可能導致他淡出南華會的會務，一旦南華王朝走向衰落，香港足球將再度陷入寒冬。

傑志對兵工廠。｜巴迪斯圖達 提供

文 桑田

Chapter21
亞洲足球瘋

中國足球追求進步

蹴鞠是中國古代的一項體育運動，曾流行於兩千多年前的齊國首都臨淄，2004年國際足聯（FIFA）在倫敦對外宣布足球最早起源於中國，中國古代的蹴鞠就是足球的起源。圍繞當今風靡全世界的第一運動：足球的身世起源爭議有了最權威的定論。然而就是這個擁有十三億人口，且在北京奧運會拿下五十一面金牌，獎牌總數達到一百枚，超越美國成為獎牌榜首位的體育大國，卻始終在足球這項運動上扼腕，對於世界盃這個足球運動的最高殿堂，也僅僅是在2002年日韓世界盃晉級了一次。

現狀

從2009年開始掀起的「反賭掃黑」風暴，既是中國足球的重大恥辱，但也提供了歷史性的發展機遇，是近年來中國足球發展的最關鍵點。

這次風暴的涉及面非常之廣，包括以謝亞龍、南勇為代表的足協主席，以陸俊、黃俊杰為代表的裁判，以祁宏、申思等前國腳為代表的球員，以及其他一些林林總總的角色。如此大規模的腐敗行為被曝光，顯然會令無數球迷感到痛心。但時隔幾年之後回過頭看，會發現恰恰是從「反賭掃黑」開始，中國職業足球出現了強勢的觸底反彈。

比如在風暴中被罰降級的廣州醫藥，很快就以「廣州恒大」這個新名字捲土重來，隨即創造出一系列令人咋舌的奇蹟。

包括就在司法部門進行調查

乃至審判的過程中，中超俱樂部的老闆們卻開始了不斷加大投資力度的節奏，為聯賽帶來了上座率、收視率乃至商業價值的不斷攀升。可見對於中國足球來說，正是依靠一次全面而強力的徹查，掃除了不少以往阻礙聯賽健康發展的病菌，對外展現出重新確立聯賽公信力的決心，也讓投資人或者潛在投資人看到了在全新環境下獲取回報的希望，最終形成了如今的繁華局面。

睽違十年，中國足協代表大會2014年初終於順利召開，本次會議除了投票選舉出新的中國足協領導團隊之外，完成的另外一個重要任務，就是制定中國足協未來十年的發展規劃。主要的內容包括：國家隊各級基礎建設逐步形成，比賽成績穩步提高，到2023年，男足國家隊力爭躋身亞洲前列，具備衝擊世界盃的能力。國家奧運隊以培養優秀人才為目標。健全完善國家隊教練

中國足協盃。｜巴迪斯圖達 提供

團、球員選聘制度、選聘標準、選聘程序，建立競爭機制和約束機制 。

中國足協提出繼續推進職業足球發展的計劃，希望到2023年實現職業聯賽參賽隊伍規模的相對穩定，中超聯賽16至18隊，中甲聯賽18至20支，中乙聯賽20至24支。此外，要健全完善女足賽事體系，到2023年初步形成女超、女甲、女乙三級聯賽。逐步完善校園足球四級聯賽、全國業餘足球聯賽、五人制及沙灘足球賽事，推動省市各級業餘足球聯賽的開展。到2018年實現全國10至15個城市建立完備的城市聯賽競賽體系，到2023年數量達到20至25個。推動社會足球開展，逐步建立城市聯賽、企業聯賽、行業聯賽、社區聯賽等多元競賽體系，積極推動加快群眾身邊的場地建設。

近年來中國足球界逐漸達成了一個重要的共識，那就是中國足球要發展，必須創建完備的青訓體系。十年規劃提出要做好青少年工作，創建青少年兒童培訓中心，校園足球將會與青少年培養相結合。中國註冊足球人口萎縮得觸目驚心，足協也意識到這個問題，因此計畫中提出：2017年實現青少年兒童註冊人口突破50萬，2022年力爭突破100萬，女足足球人口有較大增加，到2017年力爭使女足註冊人口達到5萬人，2022年註冊人口達到10萬人。這些數字看起來不是很大，但以現在社會的發展形勢來看，如果真能達成目標也已經是一大可喜的突破。

職業足球

隨著2013年聯賽的回暖，2014年的中超冠名成為了各家企業爭奪的香餑餑。有媒體甚至稱爭奪中超冠名，比爭奪中超冠軍都難。包括了大眾汽車、福特汽車、三星電子等航母級企業都參與了競標，最終中國平安集團豪擲30億台幣勝出，他們以四年長

廣州恒大奪得2013亞冠冠軍。｜陳銳誠（Shing Chan）提供

約冠名中超聯賽，中超也完成了從屌絲到土豪的蛻變。而比天價冠名更為可喜的是，中超的品牌價值正在被更多的資本、企業和球迷所認可。

德國權威足球網站《轉會市場》對2014年中超各球隊的身價作了估算，中超16支球隊的總身價高達1.16億歐元，折合人民幣近10億，而就在2012年，中超球隊的總身價只有7.3億人民幣。而大牌外援的湧入正是造成這一現象的直接原因，影響力的增高讓更多國外球星開始注意中超。作為俱樂部最重要的投資，中超球員轉會身價與薪資總額的不斷增加，從另一個層面也表明了各個投資人對中超聯賽的投資環境非常看好。

廣州恆大俱樂部進入中超前，1,500萬台幣的年薪基本可以算是頂薪。然而恆大出現後，多名主力球員的年薪都達到甚至超過3,500萬。而其他傳統強隊為穩定軍心也不得不提高球員待遇，在這樣的背景之下，中超球員的薪資從2011年之後開始急速提升也就可以理解。2011賽季中超各隊薪資總額突破40億台幣，漲幅高達57%。2012賽季更上一層樓，增加到了50億，2013賽季則突破了70億，相比2012年又增長了43%。

中超聯賽2013賽季，以場均近2萬人的上座率和全年2.79億的收視人次，一躍成為職業聯賽亞洲第一。在2014賽季前的冬季轉會上，中超的轉會總支出已經高居世界第二、同樣是亞洲第一。此外，中超16強在2014年的整體投入會高達200億台幣以上，種種跡象都在表達著一件事，中超聯賽越來越職業化。

中超環境的改善，比賽水平的提高，大牌教練和外援的到來，讓中超再次成為了人們議論、媒體關注的焦點。在「恆大效應」的刺激下，中超正以越來越高的頻率出現在大眾視野中、普通人的生活中。中國職業足球走過20個年頭，一直在摸索中前進，朝著「真正的職業化」做著努力，近年來的改革更加大刀闊斧，獨立法人、自由轉會這些職業聯賽的關鍵指標都已經完成，目前來看，中超聯賽仍然是中國職業化程度最高的聯賽。

當然，中國足球的職業化還遠遠談不上成功，如果說過去20年主要是在外在模式上仿效職業化的「形」，那麼未來需要解決的關鍵問題則在於體現職業化的「神」，也就是將內部事務真正交到專業人士手中，依靠遵循足球規律和商業規律的行事準則，來逐漸擺脫行政力量或者長官意志對於俱樂部運營的影響。而且作為中國體壇職業化程度最高的一個運動，中國足球在改革領域內的每一步突破，都有可能在更廣泛範圍內產生啟示效應。

狂嘯的太極虎——南韓

有太極虎之稱的南韓是參加最多次世界盃決賽圈的亞洲國家，從1954年開始到2014年的巴西世界盃，南韓九次成功晉級世界盃決賽圈。作為世界盃歷史上唯一踢進過四強的亞洲球隊，南韓隊一直是世界盃舞台上亞洲足球的代表性球隊，在亞洲具有一定的統治地位和旗幟作用。能夠連續28年出現在世界盃賽場上，也證明如今的南韓足球已經步入正軌，且開始加速發展。

人才培育

一個國家足球的未來全繫在青少年培養上，在這一方面南韓足球做得很傑出，南韓的職業俱樂部通常不設預備隊，後備人才主要依託學校體系，南韓人口4,000多萬，有500多所足球學校，每所學校都設有代表隊，橫跨三個年齡段，每隊約40人。由於體制有保障，各年齡段球員自然形成銜接，不會出現人才斷層。此外根據統計，目前效力南韓職業俱樂部的400多名球員中，大學畢業生佔到95%，其中5%是碩士、博士。大學中途退學或高中畢業的只佔不到5%，較高的文化素質可以幫助球員更容易理解教練的戰術思路，在心理素質上也較為成熟，近年來南韓足球的U17、U19青年隊能連續進入世界青年錦標賽的八強，充分說明南韓的人才培養模式是成功的。

旅外球員的數量也是衡量一個國家足球實力的重要指標，近年來南韓足球向國際足壇輸出了不少人才，憑藉著國家隊和俱樂部球隊在國際上出色的表現，以及球員本身鮮明的技術特點，包

韓國球員。｜Nike 提供

括孫興民、奇誠庸、朴主永等眾多球員都受到了歐洲俱樂部的青睞。球星朴智星更曾是英超豪門曼聯隊陣中不可或缺的棋子，越來越多的南韓年輕球員有機會真正了解歐洲當地足球文化和先進的足球理念，並在俱樂部中站穩腳跟，這種潛移默化也直接幫助了南韓足球的進步。

事實上南韓足球更令人敬佩的是比賽氣質和職業精神層面，南韓足球協會強調精神是足球根本，南韓足協更是將提高球員的精神品質做為足協的工作之一，可以說精神意志力是南韓足球長盛不衰的基礎，是南韓足球的根本。南韓足球勝在精神層面，在觀看南韓的足球比賽中，南韓球員人人爭先赴死，頑強拼博的精神態度通常能給大家留下深刻的印象。足球原本就是一項充滿不確定因素的運動項目，你可以技不如人，但只要你足夠頑強，勝利的天平就有可能向你傾斜。從

FC首爾勇奪聯賽冠軍。｜樂比堅尼 提供

過去到現在，而且很可能在將來，在南韓隊的對手眼中，在那些歐美球員眼中，南韓足球的精神力量都將是令人生畏的，「太極虎精神」必然成為足球場上頑強的代名詞。

韓職的發展

南韓足球職業聯賽成立於1983年，當時以大韓民國超級聯賽為名，1994年南韓足協決議改組其聯賽，並從此命名為K聯賽。2013年K聯賽改名為經典K聯賽，比賽共有14支球隊參加，以主客場雙循環作賽，第一階段為常規賽每隊共需進行26輪。賽事第二階段分為兩個組：常規賽前7名直接進入爭冠組(A組)，後7名進入保級組(B組)，再進行12輪比賽。爭冠組前3名的球隊直接參加亞冠小組賽，保級組倒數第三名參加保級附加賽，最後兩名降入下一級聯賽。除了K聯賽外，韓國還有足協盃和K聯賽盃的盃賽，足協盃由K聯賽、N聯賽（K聯賽下面的聯賽）和部分K3聯賽球隊參加，而K聯賽盃只允許K聯賽的職業球隊參賽。另外還有只允許半職業球隊和業餘球隊參加的總統盃。

K聯賽球隊近年來在國際賽場中表現出色，全北現代俱樂部、浦項製鐵俱樂部、城南一和俱樂部和蔚山現代俱樂部分別在2006、2009、2010以及2012年奪得了亞洲冠軍聯賽的冠軍。職業聯賽是國家隊的基礎，正由於K聯賽的正常發展，南韓國家隊的成績也得以穩步提升。相信充滿活力的太極虎，能在未來給世界足壇上演一個又一個的韓國神話。

開放的北韓足球

提起北韓足球很多人認為北韓足球是封閉的，並且水準不高，其實不然。因為種種因素使得北韓足球充滿了神秘感，很難讓人們認識，但這並沒有阻礙到北韓足球本身的發展，北韓足球始終堅持自己的戰術方法和技術風格，穩步向前且不斷進步。早在1966年英格蘭世界盃，北韓足球就曾震驚世界，神奇的踢進八強，創造了亞洲球隊當時在世界盃上的最好成績，也在世界盃史冊上重重書上了一筆。在上世紀90年代，北韓足球曾經與世隔絕5年之久，當他們復出時排名還不如越南。在渡過黑暗期後，北韓足球開始強勢崛起。2006年北韓U20女足稱雄俄羅斯世青賽，U20男足亞青賽奪冠，U17男足獲亞少賽亞軍，2008年U20女足獲智利世青賽亞軍，U17女足獲新西蘭首屆世少賽冠軍，2010年北韓男足闖進南非世界盃。

北韓足球十分重視青少年足球的選拔和養成，後備力量雄厚，北韓全國有一萬五千名青少年球員在各青少年體校接受專業訓練。北韓國內的足球氛圍也很濃厚，雖然硬體條件較差，比如場地不一定鋪設草皮，訓練裝備也不是專業名牌，在大運動量消耗下，球員平日也不過是溫飽而已，談不上更高層次的營養、康復，但「足球熱」在北韓國內溫度很高，小學、中學、大學幾乎每所學校都有足球隊，相互之間的比賽很頻繁，包括很多企業，也把踢足球作為豐富業余生活、擴展和其他企業間交流的重要手段。此外，北韓國內的「五一體育場」能夠容納十五萬人，氣勢雄偉且設施先進，是亞洲最大的足球場，也是世界最大的綜合性體育場館。

北韓軍方足球

北韓足球中以軍方俱樂部球隊的實力較強，其中以「人民軍俱樂部（425俱樂部）」為代表，這支球隊在北韓國內參加的是人民軍內部聯賽，多年來始終是冠軍，由於軍隊聯賽的水準普遍高於地方聯賽，基本代表了北韓足球的最高等級。除了擔當起國家隊比賽任務的425隊之外，還有一支特殊的球隊小白水隊，這支球隊的年齡結構始終保持奧運會的適齡建制，其他地區的適齡優秀球員會不斷的往小白水隊補充，而超齡的優秀球員則向425隊補充，這樣可以保證始終有最優秀球員在這兩隊效力，同時也可以代表北韓參加國際比賽。

北韓國家隊的隊員有三分之二是軍人，球員的吃苦精神特別足，能堅決貫徹教練思路，球員都發自內心地把報效國家當作踢球的目的，自我約束能力很強。更特別之處，是北韓球隊中不僅有主教練，還有負責思想工作和紀律的政委，絕不允許出現違紀情況。

這名政委幾乎管著球員除了技戰術訓練外的一切內容，甚至細致到約束大家吃飯睡覺穿衣以及走路的姿態。而因為對於領袖的忠誠，以及對國家的忠誠，北韓球員沒有人敢違反這些看起來非常沒有人性的條款，嚴格恪守著這些作息制度。所以，即使有些球員加盟到海外聯賽，但是他們的日常作息依然是嚴格按照他們國內的教導一般，沒有受到所謂資本主義腐化墮落的影響。

集體主義

北韓踢的是一種「集體主義」的足球，但北韓足球並不封閉，他們並不是依靠單純的精神作用，而是採取開放的心態，努力與世界足球接軌，學習先進的東西。因為領導人喜愛足球的原因，足球在北韓地位很高，政府在足球上捨得投入，政策開明。有人認為北韓接觸不到國際足壇最先進的技戰術理念，這是片面的看法，據不完全統計，北韓目前的留洋球員有10多位，這個數字超過了很多國家。足球不但是北韓的國球，還成為這個國家最開放的領域，北韓體育指導委員會明確表示，只要有國外的俱樂部看上北韓球員，只要不和國家隊需求衝突一定放人。

留洋球員由於長期經過高水準比賽的洗禮，在目前的北韓國家隊陣中起到至關重要的作用。

北韓足球之所以能夠提升這

麼快，得益於他們多年來對於足球的不懈追求，以及對青訓工作獨特的培養體系，因為有著良好的普及率，北韓足球有著大量的人才可以挑選。不能再抱著旁觀者的心態去強調北韓足球所謂的神秘了，從北韓足球崛起的過程中，真正該學的是北韓人對足球的「態度」，這是我們能夠從中得到的啟示。

南亞足球

如果說東亞足球與西亞足球的對抗是亞洲足球發展的主旋律的話，那麼南亞足球近年來的全面進步，則不能不說是亞洲足球的另一大亮點。隨著新加坡、越南、泰國、馬來西亞等國足球的持續發展，南亞足球已經越來越成為亞洲足球中不可忽視的一部分。以往南亞足球給人留下的印象，基本上都與「弱旅」、「魚腩」這些詞彙有關，或者普遍被認為只能關起門來踢一踢「老虎盃」這樣的區域性比賽。

客觀的說，論腳下技術的細膩程度，南亞球隊是足夠排進亞洲前列的，從近幾屆的亞洲盃可以看出，以往那些對南亞足球的傳統認識都被一一打破。尤其是越南，曾令人驚訝的踢進亞洲盃八強，創造了越南足球半世紀以來最輝煌的亞洲盃戰績。

馬來西亞足協在2011年制定的足球復興計劃得到了忠實地執行，而在東南亞錦標賽的奪冠，則更是極大程度地激發起了馬來西亞球迷對於本土足球的熱情。

新加坡方面，由於國內球員的實力有限，為了通過聯賽促進新加坡足球水準的提高，各俱樂部球隊除了大力引進來自歐美以及非洲的外援，該國足總更是積極促成其他國家的球隊整體加入新加坡聯賽，通過「借雞生蛋」的方式提升新聯賽的水平。

泰國足球在近幾年可謂一鳴驚人，聯賽中的勁旅武里南隊闖進亞冠聯賽，甚至擊敗東亞豪門俱樂部。事實上，泰國足球的進

泰國足球隊春武里聯的主場館。｜巴迪斯圖達 提供

步非一日之功，基礎的搭建完善和贊助商的高投入使得泰國聯賽進步飛速。種種跡象都表明，南亞足球正在迅速接近亞洲傳統強隊，不久的將來南亞足球一定可以昂首走出過去任人宰割的陰影。

東南亞足球錦標賽

南亞是世界足球版圖上不起眼的一隅，但這塊土地同樣擁有一項自己的足球賽事，那就是兩年一屆的東南亞足球錦標賽，這項賽事的誕生給了實力孱弱的南亞各國家隊展示自我的舞台。

東南亞足球錦標賽（ASEAN Football Championship，前身為老虎盃，Tiger Cup）是每兩年舉辦一次的國際足球錦標賽，由東南亞國家聯盟足球協會（ASEAN Football Federation）主辦，參賽國均來自東南亞，首屆賽事於1996年舉行，由於獲得新加坡著名啤酒品牌虎牌啤酒（Tiger Beer）贊助，因此賽事被冠名為虎牌盃，2007年賽事更名為東南亞足球錦標賽。2008年獲日本汽車製造商鈴木汽車贊助，因此賽事被冠名為鈴木盃東南亞足球錦標賽。東南亞地區11個國家都爭相參賽，決賽階段有8支球隊，其中2支使由資格賽產生。同時，東南亞足球錦標賽的舉行，也是為了對抗東亞四強賽的舉行。

澳洲足球

原屬於大洋洲足聯的澳洲足球協會，在2006年1月1日正式成為了亞足聯成員。澳洲曾在大洋洲國家盃上四度奪冠，進入亞洲後曾兩次參加亞洲盃，最佳成績為2011年的亞軍。澳洲歷史上先後參加了1974、2006和2010年三屆世界盃，最好成績為2006年德國世界盃的16強。

澳洲是一個以多元化社會組成的移民國家，多種海外移民後裔十分熱愛足球運動，這些地區的足球愛好者將各自祖國的足球理念帶入澳洲，在澳大利亞足球的發展進程中起到了相當關鍵的作用。

澳洲現役國腳多數效力於歐洲各國聯賽，澳洲足球傳統上被普遍認為是英式足球流派之一，球員的身材普遍高大強壯，且結合其速度快等優點，擅長邊路傳中，長傳衝吊頭球進攻的戰術策略。在這一點上，當其面對亞洲技術流派的球隊時，身體以及空中優勢相當明顯。

澳洲職業聯賽

澳洲職業聯賽（A-League）在2004年創立，通常簡稱「澳職」，是澳洲足總屬下聯賽系統的最高等級聯賽，聯賽球隊2014年有10支球隊，沒有升降級。而自從聯賽成立後，在足球推廣方面取得了一定程度上的成功，讓足球在澳洲迅速的普及，澳職聯賽已成為澳洲最受歡迎的體育聯賽之一，亦被認為是澳洲全國最有潛力的體育聯賽。雖然足球在澳洲的受歡迎程度還與籃球、網球以及橄欖球有一定的差距，但其地位目前正在提高當中。

賽制方面，常規賽為循環積分賽，每個隊需進行27場比賽，前6名球隊晉級常規賽之後的季後賽，季後賽冠軍為聯賽總冠軍（Champion），常規賽冠軍為優勝隊（Premier），總冠軍的榮譽比常規賽冠軍更高，常規賽冠軍與聯賽總冠軍都有資格參加下一年度的亞洲冠軍聯賽

澳洲球員。｜Nike 提供

文 李凱倫

Chapter22
非洲黑勢力

原始的人類力量

在這片地球上最貧瘠的土地，一個個瘦弱的小孩像撒哈拉沙漠的蜥蜴，在焦土上追趕著圓形的物體；這個大家認識中的足球可能是布的，也可能只是個破鋁罐，卻是他們脫離貧困、愛滋病、戰爭、飢餓的希望。近10多年來，來自這股球壇的黑色力量席捲全球，2010世界盃首次來到非洲，他們努力之下，幾乎能打進四強。

西非機械兵團

非洲總面積達3,020萬平方米，是僅次於亞洲的第二大洲份，總人口6.6億，居全球第三。北非與非洲大陸為撒哈拉沙漠所隔，因此北非7國跟歐洲，尤其是阿拉伯世界的關係，比跟非洲其他國家的關係還要密切，甚至官方語言都是阿拉伯語，外貌姓名更與中東人無異。

文化決定足球戰術，血統人種決定足球風格。雖然北非7國最早接觸足球，但個人能力還是比較粗糙，注重整體戰，比較著名的球星是埃及王子米度（Mido），阿爾及利亞的馬德查（Rabah Madjer）。

東非十八國不善踢足球，卻長於長跑，衣索比亞、肯亞、坦尚尼亞都是傳統長跑強國。東非人吃苦耐勞與天然條件有關，東非地處吉力馬札羅山和肯亞山脈之上，加上西邊被中非的魯文佐里山脈和衣索比亞高地所隔，地處背風面雨蔭區雨量少，不利於耕種。飢荒、乾旱的時常到訪，磨練了他們的意志，一雙細長腿以及強壯的巨肺。但足球運動需要的強壯身軀卻欠奉，這注定他們只能成為足球的孤兒。

南非地區是非洲最富裕的地區，辛巴威曾被英國人稱為皇冠上的寶石，礦藏豐富，但趕走白人後經濟走向破產。南非的鑽石聞名全球，波扎那更擁有世界上最大的鑽石礦。但諷刺的是，光有錢沒有推廣和培訓工作，仍不足以提高足球運動的發展；2010年世界盃主辦國南非是該區的代表，但整體水平低落，只能當陪跑分子，更成為史上首個小組賽出局的主辦國。

讓非洲勢力抬頭的是西非沿海國家，包括最早的迦納和喀麥隆（地理上被劃歸中非），90年代的奈及利亞、塞內加爾，21世紀的多哥、安哥拉和象牙海岸。西非輸出黑奴可以追溯到16世紀，今天巴西、加勒比海地區、美國等國黑人的祖先，大多數來自大西洋的彼岸。西非人體型高大，柔韌度高，技術不比巴西球星差，力量、速度也非白人能比。

多哥球星阿德巴約。｜adidas 提供

1994年世界盃的奈及利亞讓世人對非洲球隊刮目相看。小組賽3：0大勝由斯托伊奇科夫壓陣的保加利亞，16強對陣亞軍義大利時，葉奇尼（Rashidi Yekini）、阿莫卡奇（Daniel Amokachi）、奧科查（Jay－Jay Okocha）等人，把藍軍玩弄於鼓掌中，如果不是早早領先後開始戲耍對手，這支非洲超級鷹就不會被巴吉歐完場前追平，而被黃金入球擊敗。

毛病與宿命

非洲隊身體質素、個人技術都是世界一流，但在重要關頭慘遭歐美球隊淘汰，這裡面是非洲人DNA在發揮副作用。非洲在戰術上屬於落後國家，因此很需要來自先進國家的足球教練，他們角色儼如當年的傳教士，為非洲足球破除迷信、消除愚昧，最佳的例子是有神奇教練米盧蒂諾維奇（Bora Milutinovic），以及曾執教喀麥隆、塞內加爾、迦納的法國人勒萊（Claude Le Roy）。

62歲的勒萊是第一代傳教士，1985年至1988年執教喀麥隆國家隊，1989至1992年執教塞內加爾，1998年重返喀麥隆國家隊，04至06年執教剛果民主共和國，06至08年執教迦納。擔任迦納國家隊期間，協助球隊登上國際排名第14位，這是歷史新高，06年世界盃更領軍打進世界盃16強，僅遭巴西淘汰。但當勒萊辭職轉交阿曼國家隊後，球隊一度陷入混亂，07年曾以0：5慘負給沙烏地阿拉伯，直至塞爾維亞教練拉耶華奇（Milovan Rajevac）走馬上任，才重返正軌。這是典型非洲足球的教練依賴症。

非洲球員也不懂得權衡輕重，世界盃期間經常因獎金問題而反目、罷踢，士氣低落導致表現不佳。2002年喀麥隆國家隊就因為獎金分成問題，比原計劃晚了5天抵達日本備戰，結果球隊小組賽分別被德國和愛爾蘭擊敗。06年世界盃多哥足總拖欠106萬歐元獎金，阿德巴約（Emmanuel Adebayor）代表球員向足總追討，結果足總07年以非國盃資格賽行為不端為由，將來他開除出隊。這樣的鬧劇幾乎每次大賽都會出現一次。

非洲球員對國家隊也並不看重，最近期的例子是阿德巴約退出多哥國家隊。「自從2010年1月非洲國家盃的槍擊事件後，我幾經掙扎作出這個決定。近月來我一直走不出襲擊的陰影，我們只是參賽的球員，但有人卻想致我們於死地。」雖然眼看著同伴被殺害，阿德巴約內心的恐懼可以理解，但若不是球隊無緣世界盃，相信他不會選擇這個時候退出國家隊的。

非洲勁旅最大的問題是防守，因為進攻可以依靠個人能力，防守卻講整體作戰，最需要經驗和戰術涵養。超級鷹奈及利亞98年世界盃分組賽，可以3：2擊敗歐洲勁旅西班牙，但面對保守的南美球隊巴拉圭卻0：1敗下陣來。16強迎戰體型同樣高大，但由勞德魯普（Laudrup）兄弟和舒梅切爾（Peter Schmeichel）領軍的丹麥，結果被對方的防守反擊打了個措手不及，以大比分1：4敗陣。

因此，非洲隊身體、技術一流，但戰術涵養幾近零蛋的情況下，他們世界盃最佳的成績只是八強。1990年世界盃，喀麥隆擊敗阿根廷、哥倫比亞進入八強，最後倒在老牌勁旅英格蘭的腳下。2002年世界盃塞內加爾也打進八強，結果被土耳其的黃金進球淘汰。然而，從1986年起總有一支非洲隊進入16強，逃過小組賽全軍覆沒的命運。還有2010在「主場」的迦納闖至八強後被烏拉圭以十二碼淘汰出局。

閃亮的黑珍珠

儘管非洲兵團在世界盃總是雷聲大雨點小，1996年奈及利亞奪得奧運會足球金牌，迦納奪得兩次世少盃和一次世青盃冠軍，已算是非洲之光。但這片大陸出產的球星卻左右歐洲豪門的命運，就像切爾西的德羅巴

（Didier Drogba）、兵工廠時的阿德巴納、國際米蘭時的埃托奧（Samuel Eto'o）等，但這些巨星跟一些前輩比較起來，還是小巫見大巫。

阿比迪阿尤（Abedi Ayew）是迦納的名將，球迷和傳媒給他取了個別名叫比利，用來表揚他出色的球技。阿比迪是非洲球員征服歐洲的第一人，1982年離開迦納往卡達聯賽效力，之後還去過瑞士，1986年登陸法國聯賽，先後效力過蒙彼利埃、里爾等球隊，1987年加盟馬賽使他成為歐洲球壇的黑珍珠。

當時的馬賽班主塔比揮金若土，先後為球隊帶來四次聯賽冠軍，10號球員阿比迪是中場的靈魂，為前鋒帕潘（Jean-Pierre Papin）輸送彈藥，為邊線的瓦德爾製造空間，這個「神奇三重奏」的美妙組合，是電視每週進球的常客。1993年歐冠盃，馬賽更擊敗歐洲班霸AC米蘭奪得首個冠軍，阿比迪是決賽的最有價值球員。

然而，非洲足球的大使卻是喀麥隆的前鋒米勒（Roger Milla），他曾效力摩納哥、聖埃蒂安等法甲球隊，親切的笑容下露出一個掉牙，代表非洲人的天真爛漫。生於1952年的米勒1982年首次亮相世界盃，對秘魯的進球被判無效，使他特別的慶祝方式無法表演，球隊小組賽出局；1987年米勒移民並宣佈退出國家隊。1990年義大利世界盃前夕，喀麥隆足總主席致電力邀38歲的米勒復出，揭幕戰球隊1：0擊敗阿根廷；之後小組賽對羅馬尼亞，16強對哥倫比亞，米勒分別梅開二度，他進球後衝向角球旗大跳非洲土著舞，成為世界盃歷史上最經典的畫面之一。其中16強偷走哥倫比亞門將伊吉塔（Rene Higuita）腳下球送進空門，至今仍為人津津樂道。1994年世界盃，42歲的米勒成為世界盃歷史上最年老的參賽者以及進球者，名垂千古。

假如阿比迪是非洲足球的先驅，米勒是大使，那麼賴比瑞亞球星維阿（George Weah）就是唯一的征服者。1988年被現任兵工廠總教溫格（Arsene Wenger）帶到摩納哥，1992年加盟巴黎聖日耳曼開始揚名，他集力量、速度和技術於一身，和優雅、瀟灑的翼鋒吉諾拉（David Ginola）相映成趣，成為歐洲球壇的雙子星。94/95的歐冠盃一舉成為賽事的神射手，獲老牌勁旅AC米蘭垂青，步向歐洲球壇的最高峰。

1995年是維阿登基的一年，成為第一名非洲人贏得世界和歐洲足球先生獎。由全球國家隊教練和隊長投票選出的國際足聯世界足球先生，這名賴比瑞亞球星贏盡票數，力壓馬蒂尼（Giovanni Martini）和克林斯曼當選；由體育記者選出的歐洲足球先生，維阿的票數同樣冠絕球壇。非洲足球先生獎方面，維阿先後在1989、1994、1995年捧獎而還。

甜蜜的第一次

2010年世界盃第一次在非洲舉行，6支非洲球隊原來希望打破歐洲、南美壟斷的局面呢，可惜最終只能迦納能在小組賽突圍。但在決賽圈舉行前，普遍認為非洲球員在歐洲球壇的長期栽培下，無論從戰術或心理方面都有大躍進，加上天生身體條件的優勢，將金盃一擁入懷並非天方夜譚。

「歷史性奪冠不但是自己國

南非中場球員皮納爾。｜adidas 提供

家的榮譽，更是整個洲份的光輝。也許每一隊非洲都有自己的毛病，但足球總是給人民和國家帶來意想不到的喜悅，這是最大的動力。」前南非前鋒巴特勒（Shaun Bartlett）說。

巴西球王比利1977年就預言非洲隊在20世紀末會贏得世界盃，假如2014年真能奪冠也相去不遠，這將是他擺脫烏鴉嘴外號的好機會。

奈及利亞名將奧利許（Sunday Oliseh）說：「當奈及利亞奪得1996年奧運會金牌，我們不是作為奈及利亞人在作賽，而是為非洲人而戰，我們擁有最多的球迷群。人和讓我們變得更強，假如非洲隊打入4強的話，我相信沒有一支球員願意碰上我們。」

的確，連巴西、阿根廷、西班牙、義大利的球迷數，都比不上這些非洲球隊。

象牙海岸後衛耶耶圖雷（Yaya Toure）說：「非洲球隊已經變得成熟，跟歐洲球隊的差距越來越窄，我們不再吊兒郎當，不是為了獎金而來，而是為了顯顯顏色。」

奧利許則認為非洲球員參加歐洲頂級球會賽事的經驗，將在這次世界盃發揮重要的角色。「埃托奧、耶耶圖雷幫助巴塞隆納贏得歐聯冠軍，德羅巴和埃辛（Michael Essien）效力的切爾西曾進入歐聯決賽，他們明白贏得重要賽事冠軍的秘訣，這有助於非洲隊在世界盃有更好的發揮。」

非洲球隊最大的弱點是什麼？巴特勒提到糟糕的門將，最後關頭精神不集中的防守老毛病，以及如何避免重要傷號。還有就是管理上的毛病，巴特勒說：「一到兩支非洲隊仍然會為獎金而嘩變。」奧利許則說：「從飛機安排、獎金到訓練安排，這些看似瑣碎的事情，都足以影響非洲隊的發揮。」

Chapter23

小國也有出頭天

小國也有出頭天

文：石明謹

小國足球出頭天，沒有不可能的事

2013年的9月11日，在喀布爾的街頭響起了陣陣的槍聲，不過這並不是阿富汗首都又爆發了內戰，而是阿富汗人用他們特有的方式對空鳴槍，來慶祝阿富汗足球代表隊贏得了南亞盃的冠軍。

在南亞盃的決賽中，阿富汗以2比0擊敗印度，贏得他們國史上第一個足球大賽冠軍，對於這個飽受戰火蹂躪的苦難國度來說，是多麼值得驕傲的一件事，更難能可貴的是，現在的這支阿富汗代表隊，成軍還不到一年的時間，就能夠在國際級的大賽中奪冠，證明了只要有心，這世上沒有做不到的事情。

阿富汗職業聯賽

時間回溯到一年前，2012年的10月19日，在阿富汗首都喀布爾的AFF球場，一支名為Toofan Harirod的球隊贏得了一場非常重要的比賽，他們在冠軍戰中以二比一擊敗了對手，阿富汗擁有了他們歷史上的第一個職業足球冠軍。

這個冠軍得來不易，因為阿富汗歷史上從來沒有過任何的職業運動聯賽，這個被戰火無情摧殘的國家，在9月才剛剛成立的職業足球聯賽中，創下了平均三千五百人的進場紀錄，阿富汗是全世界最貧窮的國家之一，卻擁有八支聯賽隊伍，擁有專人設計的亮眼隊徽，更重要的是，他們是全職的職業球員，雖然薪水只有每場比賽十塊美元加上免費食宿與生活津貼，聯賽冠軍可以得到一萬五千美元的獎金，數字看起來寒酸，卻已經是劃時代的進步。

重建阿富汗足球的過程引起了世界足壇的關注，球王比利、梅西、C.羅納度都無償為阿富汗職業聯賽的官方宣傳拍攝MV，阿富汗足協主席說，這是阿富汗足球的新時代，飛機、坦克阻止不了阿富汗人喜愛足球的心，而足球會為阿富汗帶來和平。

10月21日的這場決賽，AFF球場湧入了滿場的四千五百名觀眾，對阿富汗人來說這就跟巴塞隆納跟皇家馬德里的對決一樣重要，比賽結束之後，許多現場觀眾流下了感動的眼淚，因為這並不只是一場足球比賽，更是阿富汗的希望，未來的一道曙光。

阿富汗的努力現在得到了成果，足球可以改變阿富汗，阿富汗人已經很久不知道什麼是笑容了，但是現在足球場邊的觀眾，每個人都在開心的笑著，現在家長都會鼓勵孩子去踢足球，玩體育的人是沒有時間打仗的，贏得南亞盃只是個開始，或許在不久的將來，我們會在世界盃的決賽圈上看到阿富汗的身影，重新站在世界的舞台上，一顆足球改變的不僅僅是球場上的比分，甚至改變了整個國家的未來。

渡假天堂大溪地

我們把目光移到稍遠的南半球，跟連年烽火的阿富汗相比，南太平洋上的島國大溪地，是人人耳熟能詳的旅遊天堂，許多旅遊雜誌都把大溪地列為一生中必去的景點，但是卻很少人知道，這是一個對足球充滿熱情的國度。

大溪地全部二十四萬的人口中，竟然有一萬一千兩百名註冊有案的足球員，大溪地的面積約一千多平方公里，卻有146個成人的足球俱樂部，足球對大溪地人來說，或許比他們賴以維生的沙灘、陽光、棕櫚樹更為重要。

大溪地對足球的熱情可不是純粹玩玩而已，2012年的大洋國家盃的決賽，對決的隊伍是大溪地與新喀里多尼亞，在2010年打進世界盃的紐西蘭，竟然連參加決賽的機會都沒有。最後大溪地擊敗對手拿下了冠軍，成功贏得參加2013年洲際國家盃的門票，跌破了一堆足球專家的眼睛。

在洲際國家盃上，大溪地跟西班牙、烏拉圭、奈及利亞等足球強權分在同一組，在三場比賽中被對手攻進了24球，其中面對世界盃衛冕冠軍西班牙更是以十比零慘敗，不過這樣的結果並不會讓他們感到丟臉，因為這個小島國人民的努力，他們才有機會跟世界冠軍來一場對決，雖然他們沒有贏得任何一場比賽，但是能站在這裡，他們已經創造了奇蹟，下次當你有機會到大溪地旅遊時，別忘了對在沙灘上苦練足球的選手們比出你的大姆指。

從中亞的貧瘠山區到熱帶海洋上的島嶼，阿富汗與大溪地的成功，讓他們重新找回民族自信，同時也得到世人的尊敬，證明只要對足球充滿熱情，小國足球要出頭天，不是不可能的事。

「弱國」關島也自強

文：巴迪斯圖達

有北韓和香港等球隊參與的東亞盃，是中華男足近年其中一項最重要的賽事。

相信不少球迷也是透過這項賽事，才知道太平洋小國關島的名字。以往關島無論是在東亞盃和世界盃資格賽，都是列強樂於遇見的對手，因為列強總在脆弱的關島身上取得一場大捷。

只是關島近年表現脫胎換

骨，在2012年12月舉行東亞盃資格賽，以往總要贏他們7至8球的香港，也只能以1球小勝。去年的亞足聯挑戰盃，關島更史無前例地擊敗中華隊。國際足聯排名也從200名外，上升到史上最高的161位（2013年12月）。比中華隊還高19位。為什麼關島可以進步得那麼快?

首先，關島自從十多年前由香港移民黎先生擔任足協主席，就決定要讓關島藉足球這項全球最受歡迎的運動走向世界。於是他首先邀請國內的財團投資足運，當中包括一些國際知名品牌，最近願意加入投資的就有百威啤酒（Budweiser）。

另一方面，關島積極尋求國際足聯和鄰國協助，例如向專門為足球落後國家提供全方位協的「進球計劃」（Goal Project）。關島亦同時與日本足協有聯繫，讓日本足協派員來提供技術性指導。找日本人來幫忙，真的這麼容易嗎? 國家隊主教練懷特（Gary White）說：「非常簡單，因為日本人樂意協助鄰國發展足運，只要你願意開口就行。」

關島目前雖然有2個級別的聯賽，合共23支球隊。不過他們全是業餘性質，足協短期內也沒計劃發展職業聯賽，因為他們覺得不是當務之急。相反他們把目標放得很清楚，就是短期內大量招攬在外國有關島血統的歸化兵，例如效力美職聯球隊的後衛德拉加爾薩（Adolph de la Garza）和奎爾（Ryan Guy）。去年12月他們與柬埔寨踢友誼賽的23人名單，就有14名球員是出生和成長在美國的。

職業球員儘管讓美國和菲律賓等國家為他們培養，同時藉着成績好轉，在國內興建更多具規模的足球訓練場，培養新一代國腳，繼而將他們外輸出去。所以說，要取得進步，必須有全盤計劃和持之以恆的執行力，關島的例子值得讓台灣足球借鏡。

文 何長發

Chapter24

昔日雄霸亞洲的台灣

1998年世界盃足球賽新獨立國家克羅埃西亞一戰成名後，連前總統李登輝也感受到足球的熱力，他反問國家體育領導官員：我們的足球定位在那裡？誰來給國家振興足球提出一個可行的美好藍圖？四年後，陳水扁總統也曾在2002世界盃喊出「台灣足球年」，再過四年後，阿扁針對2006年世足熱又喊話了，再度政黨輪替後，國民黨在2010世界盃足球年也主打「樂樂足球」，好像足球的熱力正感染著屬於「足球沙漠地」的寶島。

尤其在跨越千禧以後，國人期以台灣寶島，各方面均能在跨世紀總統的帶領下，開創出新世紀的新氣象，政、經如此，象徵世界無形戰爭的「體育競爭」，更是新世紀世人爭相追求勝利的戰場，在台灣力求突破的我們，老祖宗傳給我們的世界古老運動「蹴鞠」足球，已成當今世界最令人瘋狂喜愛的第一大運動競賽，我們當然不會自暴自棄，無論如何絕不會在世界上最受矚目的運動上「缺席」。

台灣的運動發展，早期受日據影響，棒球根深地固，國民政府遷來台灣後，再把籃球帶過來，也成了台灣的主流運動。至於台灣足球的風光時代，許多人因為不了解其背景因素，所以過去一直讓國人存在「假象」，要知道昔日的風光，那已是上個世紀70年代以前政府靠香港華人球員撐腰的時代，而早期木蘭女足的盛勢，也是拜早年人家還不熱中推展女足運動，先讓木蘭風光一陣。如今外在競爭強度增強，女足也漸隨男足陷入低潮。

中華「港腳」50年代雄霸亞運

國民政府從大陸退移台灣這塊寶島地後，台灣的運動發展，早年受日據影響，棒球根深蒂固，隨著國民政府遷台，籃球也成了台灣的主流運動。足球運動在台灣早年就一直是塊沙漠地，上世紀50年代開始派隊角逐亞洲比賽，幾乎全靠香港華將撐腰。

香港受到英國殖民影響，足球根深蒂固，尤其在上世紀70年代以前，香港華人更是中華民國對外參加國際足球賽的班底，香港人為「ROC」贏過50年代兩屆亞運會足球金牌，以及轟動台北的亞東區足球冠軍。

過去我們在亞運會上曾奪過兩屆足球金牌，靠的是香港華人奪標，1954年首次奪金，除加入少數幾位在台的中國大陸名腳外，其他都是香港華將，1958年蟬聯金牌時，已清一色全是香港華人。

1972年奧運起「台灣腳」自力奮鬥

中華足球隊在進入70年代以後，由於政治、環境等種種因素，港華球員不便再代表ROC出賽，另方面國內也不能一再依賴港華，阻礙台灣本土足球的發展，因此從1971年開始，對外參加國際賽得靠台灣球員自力奪鬥，該年台灣本土國腳開始獨挑大樑，首次出席奧運足球資格賽至今。

我國角逐奧運足球賽，從早年大陸時期以港華，再到後來全由台灣土腳擔綱，從1936年奧運參賽以來，前後角逐14屆，累計出賽54場，戰績為9勝5和40負，攻進52球，失守163球，在早年靠港華代表時期，以1960年奧運表現最好，70年代以後，台灣本土國腳自力參賽開始，則以84年及

92年奧運戰績較佳，歷來最差的是2008年奧運主客場面對澳洲平均每場淨輸6球，以及1996年奧運，面對泰國和日本四場，平均每場淨輸5.25球。

台灣土產國腳獨挑奧運比賽，陳光雄、羅仁里、沈瑞文、蔡橘煌成了第一代的台灣奧運腳，當年出席慕尼黑奧運亞洲區資格賽，趙振桂在對日本之役，寫下台灣本土球員在奧運資格賽射進第一球的紀錄。

世界盃連戰九屆以1982年成績較佳

世界盃足球賽創始於1930年，成為當今全球水準最高的足球大舞台，沒有相當的實力上不了這項世界殿堂，而中華民國足球隊曾於1958年首次報名角逐世界盃足球資格賽，但被編入與中國大陸、印尼同組，基於當時的政治因素考量，中華隊不得已退出比賽，直到1978年第11屆大賽才首度正式參賽，至2010年南非大賽，我國先後九度角逐世界盃資格賽，以1982年那屆表現最佳。

在港華時代，我國從未正式派隊角逐過世界盃足球資格賽，從1978年開始，才連續出席九屆

曾為中華民國取得不少冠軍的中華元老隊回國訪問。｜傑拉德 提供

賽會，全由台灣腳擔綱，前四次當時會籍隸屬在大洋洲足聯，主要對手是澳、紐洋將，1991年才重回亞洲足聯，過去在世界盃資格賽，中華隊受制於大洋洲雙雄澳、紐腳下，後來則挫敗在伊朗、沙烏地阿拉伯及烏茲別克等西、中亞強隊，難以翻身。

至今，中華隊在世界盃資格賽出賽48場，戰績為4勝4和40負，攻進23球，失守170球，平均每場比賽淨輸3.06球。4場贏球紀錄分別為82年2比0勝印尼，98年3比1勝孟加拉，以及2006年資格賽3比0及3比1兩勝澳門。

中華隊在世界盃歷經九次征戰中，戰績最好的一次是1982年羅北領軍，聘請德國史坦勒指導的代表隊，面對大洋洲雙雄澳紐等隊，踢出1勝3和4負，每場平均淨輸0.375球，是至今中華隊在世界盃資格賽僅有一次淨輸球在一球以內的紀錄，2：0勝印尼踢下我國在世足賽的首勝歷史，主場面對澳、紐壓境都力逼平手不輸大洋洲強龍。

不過，中華隊隨後在1986年世界盃資格賽，卻輸得十分難堪，面對紐、澳加上以色列，6場竟淨輸掉每場平均5.83球，踢得中華健兒在海外抬不起頭來。

百勝木蘭光榮史照亮體壇

至於昔日曾讓國人引以為傲的中華木蘭女足隊，可說是我國體育史上第一支創造國際賽「百勝」傲人紀錄的運動團隊，它曾經有過一段輝煌的滄桑史，為國家創造無數佳績，如今在國內足球大環境無力支援下，木蘭日漸凋零，面對今天高強度的國際競爭力，國人緬懷昔日常勝木蘭，更期以國人為今日小木蘭多打氣，再造木蘭聲威。

我國女足開拓走在亞洲先鋒，早在1975年便組訓國家隊，由已故的前足協理事長鄭為元將軍命名為中華木蘭女足隊，從此「木蘭」成了中華女足隊的代名詞，並從1977年開始出使參加國

1982年女子足球隊赴歐前於桃園機場留影。｜長榮高中 提供

際足球賽，歷經42次國內外的重要國際比賽，其中32次在國外，10次在國內比賽，至今木蘭女足已出賽218場國際賽，獲得128勝、24和及66負戰績，攻進了572球，失299球。

1999年亞洲女足賽預賽最後一場，中華擊敗印度之役，創造在國際賽衝上「百勝」大關，在國家女足隊征戰歷程中，前後歷經了42次的木蘭國腳組合，歷來計有198位女國腳為國征戰效命。

木蘭風光於70年中期至80年末期，期間三奪亞洲冠軍，兩獲大洋洲冠軍，以及一次台北世界女足邀請賽冠軍。而風光期間曾橫跨亞、大洋兩大洲國際女足壇，只有周台英、羅居銀和李梅琴三人，同時歷經在亞洲賽及大洋洲賽奪標的歷史見證，兩洲賽之間，我國有八年時間因會籍關係，一度脫離了亞洲比賽。

女足競爭環境的改變，使木蘭重返亞洲以後，很難再創造冠軍紀錄，球迷必須認清，早期的亞洲女足，由於我們發展得較早，搶先風氣之先，在當時亞洲各國組訓女足隊還不普遍，木蘭稍加組訓便可以在國際賽場贏得勝利，如今大不同了，中國大陸、日本、南、北韓的足球環境勝過我們，要再造佳績強度已大大提高了。

木蘭女足自1991年女足世界盃踢出世界八強佳績以後，戰績便一路下滑，一直退居亞洲第四名，只有在南、北韓及日本其中一強未參賽時才能擠上前三名，直到1999年亞洲女足賽新木蘭接班，才重返亞洲雙強地位，但當時亞洲女足五強實力較接近，誰也不敢保證穩入三強之內，尤其是這幾年來，木蘭更呈青黃不接，從此連續未能在亞洲比賽擠入四強不說，最令人難過的是，在2009年7月於台南新營主辦第17屆亞女足第二階段資格賽時，中華女足面對連實力弱小的約旦及緬甸女足隊，竟然也先後留下0比1 以及2比5的敗績，如此難堪輸球，使中華女足隊首次無緣亞女足的八強比賽。

過去木蘭百勝戰史中，最值得回憶的一勝，是1991年踢進首屆女足世界盃決賽圈，預賽最後一場與奈及利亞比賽，必須贏兩球才能擠掉另一組巴西，晉級世界八強內，結果該場開賽僅五分鐘，中華隊守門員林惠芳因衝出禁區外封阻對方單刀球犯規，被紅牌罰退場，在少一人作戰下，中華隊發揮無比鬥志，漂亮以兩球獲勝，成功闖進八強內，如今，世界盃八強被視為我國女足「空前絕後」的一次紀錄，以後很難再有此佳作。

歷史上也不可忘記，我國重返亞洲足聯組織後，1989年12月18日恢復參加亞洲盃的第一場比賽，正是海峽兩岸女足代表隊歷史性的第一次會戰，結果中華隊以0比1敗北，後來雙方又在冠軍決賽再碰頭，還是以0比1輸球，這是中華女足首次在國外出賽「丟冠」的挫敗紀錄，從此木蘭在海外的「冠軍傳統」就此打住。

從此以後，中華女足隊在亞洲各項大賽，名次從第二再掉落到四名外，2010年首次無緣角逐亞洲女足的八強比賽，令人感嘆女足衰退之迅速。

Chapter25

台灣——走向未來

台灣城市足球聯賽

文：李弘斌

台灣早在1982年底就建立足球聯賽制度，目前的頂級聯賽為「城市足球聯賽」，由冠軍隊伍取得隔年「亞足聯主席盃」（AFC President's Cup）參賽資格，代表台灣出征這項層級次於亞洲冠軍聯賽、亞足聯盃的第3級俱樂部賽事。2006年，中華足協將全國男子甲組聯賽改制為企業足球聯賽，隔年再開辦城市足球聯賽迄今，企業聯賽則辦到2009年。城市聯賽的賽制多所變革，首屆為7隊先踢單循環，再取前4強交叉決勝；2008年則是8隊先踢第1循環，再取前4名晉級第2循環，比總積分決勝；也在2009年嘗試分級制度。2012年起，城市聯賽的賽制大致定下，採取國外聯賽常

台電獲得2012年冠軍、同時寫下3連霸。｜李弘斌 提供

見的雙循環賽制，參賽隊伍約在7至8隊規模。

城市聯賽開辦7屆以來，除了2009年冠軍被台灣體院（現台灣體大）化身的高市耀迪抱走之外，其餘6冠全由大同、台電兩支老牌企業球隊瓜分。大同在2007年贏得首屆冠軍，但台電後來居上拿下4冠，包括於2010至2012年締造「三連霸」紀錄。

2011年也是台電男足最風光的一年，不但在國內贏得城市聯賽，並代表大本營高雄市奪下全國運動會金牌，也在主席盃連克塔吉克、柬埔寨的俱樂部，替台灣舉起睽違半世紀的國際賽冠軍。台電前鋒何明站以6顆進球穿上該屆主席盃金靴，抱走MVP的攻擊靈魂陳柏良，目前則效力於中超的上海綠地申花隊。

2013年城市聯賽，大同則靠來自土耳其的「台灣女婿」朱恩樂，與「泰雅雙胞胎」羅志安、羅志恩等好手，拉下面臨換血的宿敵台電，提前兩輪封王，也抱回隊史第2座城市聯賽冠軍，取得2014年出征主席盃資格。

大同慶賀奪得2013年冠軍。｜李弘斌 提供

台灣旅外五虎

陳柏良

生日：1988年8月11日

位置：攻擊中場、第2前鋒

所屬球隊：上海綠地申花（中超聯賽）

出身高雄的陳柏良是台灣首位旅外職業球員，先在2011年加盟港甲的天水圍飛馬隊，2012年轉戰中甲聯賽，效力深圳紅鑽兩個球季，站穩主力位置。2014年再獲上海申花青睞，成為台灣本土球員躍上中超賽場的第一人。陳柏良曾經締造中華男足最年輕隊長紀錄（21歲又4天），2011年亞足聯主席盃足賽獲得MVP殊榮。

陳昌源（音譯為夏維耶）

生日：1983年10月5日

位置：右後衛

所屬球隊：貴州人和（中超聯賽）

陳昌源是台法混血的中華隊國腳，出生於比利時，曾入選比利時U19青年隊。2011年正式取得中華民國護照與身分證，代表台灣在巴西世界盃亞洲區資格賽戰馬來西亞的第2回合，上演成年國家隊處女秀並罰進1球，是役吸引15,335人湧入台北田徑場。2013年底他從比甲梅克倫轉會至中超貴州人和隊，成為站上中超的首位中華隊國腳，首季在中超出賽25場、攻入1球。

周子軒

生日：1992 年 2 月 5 日

位置：中後衛、防守中場

所屬球隊：深圳紅鑽（中甲聯賽，至2013年底）

「西班牙小子」周子軒出身於馬德里，雙親都是移民西班牙的中華民國國民，曾參加馬德里競技少年隊與巴亞多利、薩拉曼卡青年隊。2011年首度在主場對約旦的奧運資格賽代表台灣出賽，2012年2月29日在台灣與香港的國際友誼賽上演成年國家隊處女秀。歷經腳掌骨折兩次手術，周子軒在2013年先後加盟港甲南華與中甲深圳紅鑽，盼於亞洲足壇占得一席之地。

陳浩瑋

生日：1992年4月30日

位置：邊鋒、第2前鋒

所屬球隊：北京八喜（中甲聯賽）

出生於花蓮縣新城鄉的陳浩瑋為阿美族原住民，就讀花蓮高農時便獲中華足協推薦前往巴西試訓。

2011年底獲得中甲北京八喜隊青睞，隔年成為首位在中國職業足賽進球的台灣球員，在聯賽、足協盃共出賽18場、進5球。

歷經2013年的低潮期，陳浩瑋在2014年要把握與八喜現有合約的最後1年，延續旅外生涯。

溫智豪

生日：1993年3月25日

位置：防守中場、前鋒

所屬球隊：北京八喜（中甲聯賽）

溫智豪是來自花蓮卓溪鄉中平部落的布農族原住民，2012年以19歲之齡參加全國城市足球聯賽，不但幫助台電稱王也穿上金靴。

2013年加入對岸的北京八喜隊，從過去的前鋒位置改踢防守中場，轉型也十分成功，加盟首季幫助八喜拿下中甲第7名。

中華足球隊。｜李弘斌 提供

木蘭女子足球聯賽

文：中華足協

台灣木蘭足球聯賽（以下簡稱木蘭聯賽）是2014年中華民國足球協會在教育部體育署大力支持下，所舉辦的全新賽事，目前仍然是以半職業聯賽舉行，未來將全面走向職業化。

緣起

70年代中華女足隊創軍以來，出國征戰總是勝利凱歸，尤是頭十年堪稱為木蘭的「黃金歲月」，在五十六場國外大小戰役中，獲得五十二勝四和的不敗佳績，這項當時從未在海外輸過任何一場比賽的「完美紀錄」，足以說是台灣體育史上戰績最輝煌的運動團隊。但近年來我國女足發展停滯不前，「不敗之身」已逐退色。

台灣木蘭足球聯賽logo。｜中華足協 提供

成立台灣社會女子足球隊重要動機

為了配合教育部體育署的國家足球發展政策，提供女子足球選手一個專心於訓練的環境，透過社會聯賽，共同成為全面帶動女子足球發展的推手。

目前女足在世界排名第39，在亞洲排名第8，比起男足在世界、亞洲的排名，女足則更具有發展的優勢，若能藉由長期的訓練與資源的挹注，來日定能為台灣爭取最佳成績。

因此，今年成立的女子社會足球隊，再配合各縣市社會女子足球運動發展，勢必能為台灣的女子足球注入一道活水，豐富國內女子足球之環境，全面性的提升台灣女足水準，普及女子足球人口。

台灣木蘭足球聯賽的必要性

一、提高女子足球人口。

在台灣，國小女子選手佔總參加比賽人口數的50%，進到國中之後則大幅下降，僅剩下21%的選手持續足球訓練、比賽。進入高中、大學則各佔12%。也就是說，高中選手一旦進入大學之後，大部分選手仍然會持續足球運動。因此，要擴大女子競技人口，讓女子足球更活性化，特別是在國中、高中階段提供一個容易積極從事足球運動的環境與機會，讓選手能夠留在球場上，有助於女子足球整體的發展與競技水準的提升。

二、延長球員競技生命。

根據世界足總資料顯示：踢進世界盃的年齡大約在26至28歲左右，每次中華隊參加國際賽年齡大約20歲左右，競技年齡足足少了6歲。選手在還沒有到達競技的高峰之前，因工作問題，便陸續離開球場，這對國家長期投注在培育選手的工作上十分不利。

台灣主要以學校體育為中心發展，與歐美國家不同。優秀選手大學畢業或就業後，即無法持續從事競技運動，因此如何提供一個踢球的環境，延長選手的競技生命，將是首要工作。

聯賽初步規劃賽制

2014年因應國家隊參加亞運集訓，將進行諸多國外移地訓

中華女足隊員。｜中華足協 提供

練，故聯賽合計舉行36場比賽，每隊則有18場比賽。

在賽制上，今年將以賽區制的方式舉行，每週的比賽日四支球隊都前往同一個地區進行比賽。未來，聯賽的目標是規劃主客場制，進而達成與亞足聯女子俱樂部聯賽盃規定參賽條件相同（賽制國際接軌）。

主客場賽制之實施，規定4支參賽球隊必須使用其所在縣市之運動場地進行比賽，讓地方運動場地使用效益最大化，進而改善訓練環境，增進訓練效能，促進整體發展。

預期成效

1. 透過社會女子足球聯賽的建立，留住優秀女子足球人才。

2. 全面性的提升台灣女足水準，讓各年齡層選手經常性的踢進國際性賽會，普及女子足球人口。

3. 讓市民與球隊成為生命共同體的概念在地方扎根，提升市民榮譽感與歸屬感。教練、選手與區域社會共同參予，擁有共同話題，形成一體感。

4. 透過足球運動帶給國人夢想、希望與勇氣，讓社會更和諧、國家更幸福。

結語

鄰近的亞洲足球強權日本，他們的女足能有如此實力與耀眼成就，主要原因是高水準的聯賽制度（一年約34場），足夠的高強度國際比賽（一年約20場）讓選手長年保持最高水準。

優質的足球訓練環境、優秀的教練、穩定的梯隊，各級選手不定期的短訓、鼓勵選手旅外踢球。這些長期且不間斷的計畫落實執行之下，衍生了日本近年來國際比賽成績的基礎。

而台灣雖然在各方面都還沒有日本的基礎，但我們仍然要一步步的建立，透過木蘭聯賽，我們可以做到延長選手競技生命，為台灣的足球員真正的找到未來

木蘭女子足球聯賽球隊簡介

臺中藍鯨女子足球隊

所在地：台中

主場：台中市豐原體育場

指標球員：林瓊鶯、林曼婷、李琇琴

『藍鯨FC』是Blue Whale Women Football Club的簡稱，以世界最大、高速的動物『藍鯨』為名，象徵追求更快、更堅強、更現代化的足球型態。球隊的顏色是以藍白配色，感覺出既冷靜又真誠、美麗的形象。

新竹FC女子足球隊

所在地：新竹

主場：新竹縣體育場

指標球員：林玉惠

在邱鏡淳縣長的大力支持下於今年成立了第一支女子社會隊『新竹FC』。希望藉由球隊成立來協助推廣新竹縣內各個層級的足球運動、耕耘新竹在地的足球文化。

臺北SCSC女子足球隊

所在地：台北

主場：台北田徑場

指標選手：丁旗

成立於2000年的台北－SCSC ，係提供青少年的足球活動營。自2007年開始即以大學畢業的女子球員為主體，提供一個踢球的環境，也延續了球員的足球生命，是台灣第一支社會女子足球隊，並參加全國女甲聯賽及錦標賽，均獲佳績。

花蓮台開女子足球隊

所在地：花蓮

主場：花蓮縣德興體育場

指標選手：蔡莉真

花蓮台開女子足球隊結合政府部門、贊助企業、民間體育組織、基層球隊、地方觀眾共同經營，logo圖形以足球為中心，以五種顏色代表上述五個單位， 並以手牽手的圖案，象徵五個單位攜手共進，共同合作，在既有的堅固基礎上， 開創花蓮縣女子足球嶄新的一頁。

的出路，同時逐漸向下扎根，期待開花結果的那一天。

球隊簡介

今年所成立的四支球隊，都必須成立法人，追求財務透明以及經營自主權。球隊組織上，每隊最多可報名23名球員，並且球員都有簽下職業合約，因此球隊將以旅外球員、社會人士、大學生及高中生組成。未來若步上軌道，球隊也將積極尋找與外籍球員簽約的機會。

另外，各球隊都必須建立梯隊制度，給予梯隊技術或資金的援助，普及年輕球員的人數及水準，只有完成金字塔的目標，才可永續發展。

台灣的職業足球夢

文：吳山駿夫

我是日籍台灣人吳山駿夫，目前擔任中華職業足球聯盟協會理事長一職。在談台灣是否能足球職業化前，想與各位讀者分享何想要在台灣推動足球職業化的工作。其實台灣的條件是非常適合的。

足球發展的國家，因為人口、資金、土地都不缺乏，祇要有心要做一定可以達成職足化目標。很可惜的是有很多前輩們，很用心想去讓台灣足球職業化，但是幾乎都是先開始以職業聯賽為條件，由上往下進行，卻往往忘記，台灣根本沒有足球聯賽基礎。所以，當看到沒有人注意到社會人士（業餘）聯賽時，自然成為我們推動的方向。這也不需要像職業賽一開始需要大筆資金

近年來新北市政府不遺餘力，推動幼兒足球。

運作，祇要有場地，球隊，正式裁判，業餘聯賽就可以開始。而且推動的同時，除了活化各縣市體育場館外，更可以集結社會人士對足球運動的參予，進而吸引觀眾入場看精彩的賽事。

T2聯賽（台灣冠軍足球聯賽T2－LIGA）

當2012年6月23日中華職業足球聯盟協會正式成立後，就明訂目標以推動台灣足球職業化為最大方向，成立後，就開始規劃台灣職足化的三階段進程。

第一階段：業餘足球聯賽「台灣冠軍足球聯賽T2－LIGA」，目的是讓全民參與足球運動。

第二階段：半職業足球聯賽「台灣頂級足球聯賽T1－LIGA」目的是讓T2各區上位球隊輔導成為半職業球隊。

第三階段：職業足球聯賽「台灣超級足球聯賽TS－LIGA」。

明確進程後，就在同年規劃2013－2014台灣冠軍足球聯賽T2－LIGA召開領隊會議，制訂規章。其實在此有一段插曲，也就是規章的制定時，原本是邀請台南足球聯賽主辦人法籍楊飛幻先生擔任T2聯賽委員長，當初就是看到他很認真的幫台灣推動在地足球，以最小資源創造最大足球推動，深受感動，

所以當初T2聯賽規章的制定，也是以他們準備辦理北部足球聯賽規則進行參考制作，後來因故北部聯賽中止辦理後，再請飛幻先生依北部足球聯賽規章修改為T2聯賽規章。當然在開賽前夕，南部的場地問題及規章的細部與理念上，我們出現分歧，最後飛幻先生辭退了T2聯賽委員長一職。雖然如此，但是飛幻先生還是以行動支持T2聯賽，他帶領台南SC（台南運動俱樂部）參加2013－2014賽季賽事。

2013－2014賽季T2聯賽規章制訂後，送至中華民國足球協會

鍾劍武老師（當時是中華足協技術總監）審查承認後進行參賽球隊、俱樂部登記、裁判登記、選手登記，並製作球員證。

於2013年9月15日（日）南部賽區首先開打同月29日北部賽區也開始賽事。

2013－2014台灣冠軍足球聯賽T2－LIGA參賽球隊共計17隊登記選手近800人成為台灣最大級的業餘聯賽。

於2014年3月底南部賽區賽事已經全部結束而取得升格T1聯賽的隊伍，分別為分區第一名佳里SC、第二名台南SC兩支球隊。

北區部分在4月將會完成所有賽事後，會於5月份開始進行南北四強戰，選出T2冠軍球隊。

而在場地方面，將離開河川地及偏遠綠地，選擇接近民眾的地方，北部賽區新莊田徑場、南部賽區高雄市運主場館，讓民眾更簡單到場看球外，讓他們知道足球是有趣的運動。

聯賽也特別強調運動防護員或運動傷害物理治療師的重要性，來維護選手的安全。

T1聯賽（台灣頂級足球聯賽）及未來展望

經T2聯賽產生的南北各區上位2名球隊，將升格T1球隊。但不是現在的業餘狀態升格，是由協會輔導登記成公司後，真正成為半職業俱樂部。T1聯賽目前已經在籌備階段。是否會如期開踢，會適時際情況而調整，但是升格球隊會保留其名額，進行相關輔

北部賽區新莊田徑場

南部賽區高雄世運主場館

導。準備多，失誤就少。

在未來，當T1半職業聯賽開賽後，吸引人氣為首要目標。所以會向海外的職業隊或職業聯盟取得經驗讓台灣的足球能確確實實，邁向職業化目標。因為這是產業的帶動而非一個事業進行，萬事起頭難，我一直告訴我們的會員及理監事，我們就是窮和尚取經，拿著缽堅持信念及正確的目標，一定可以達成目標。當透過T1聯賽吸引一定的人氣後，企業及政府自然目光會集中過來，而台灣的職業足球聯賽——台灣超級足球聯賽TS LIGA就會順應時事而誕生，此時也會造就上萬人的就業機會。這就是我們的未來展望。

2013－2014 台灣冠軍足球聯賽 T2－LIGA 參賽球隊

北部賽區球隊 內湖風神FC

2013－2014 台灣冠軍足球聯賽 T2－LIGA 參賽球隊

北部賽區球隊 JFC

北部賽區球隊 台北聯FC

北部賽區球隊 福爾摩沙聯FC

北部賽區球隊 飛球世達FC

2013－2014 台灣冠軍足球聯賽 T2－LIGA 參賽球隊

北部賽區球隊 足球家族FC

北部賽區球隊 銀河FC

北部賽區球隊 藍鯨FC

北部賽區球隊 汐止黃蜂FC

2013－2014 台灣冠軍足球聯賽 T2－LIGA 參賽球隊

南部賽區球隊 台南SC

南部賽區球隊 高城FC

南部賽區球隊 義大FC

南部賽區球隊 百步蛇FC

2013－2014 台灣冠軍足球聯賽 T2－LIGA 參賽球隊

南部賽區球隊 Massive FC

南部賽區球隊 波衫網FC

南部賽區球隊 佳里FC

南部賽區球隊 台南聯FC

五人制足球運動風靡全台

圖、文：台北市五人制足協

2014年，令全世界足球迷引頸期待、四年一度的世界盃足球賽，又將火熱開打。

身處足球運動「發展中」的台灣，雖然喜好足球、觀賞足球的足球人口一年比一年增加，但談到世界盃，卻始終感覺離我們好遙遠，我們永遠都只能看別國的選手在世界盃舞台發光發熱，但很多人可能不知道，台灣也曾舉辦過「世界盃」足球賽。

你沒看錯，FIFA世界盃！台灣在2004年11月21日至12月5日，主辦第五屆FIFA室內五人制足球世界盃錦標賽，當時全世界室內五人制足球最優秀隊伍及國際足球界最高行政官員都相聚於台北，也讓台灣球迷首次在國內可以觀賞到高水準的室內五人制足球比賽。

然而在當時的時空環境，大家對五人制足球運動並不那麼熟悉，觀賽的風氣也不盛行，費盡千辛萬苦爭取到的世界盃主辦權，卻像煙火一般一閃即逝，讓當時愛好足球的朋友不勝唏嘘。隔年2005年，台北市五人制足球協會就在這個機緣下成立，除了延續世界盃帶給台灣的熱情，讓台灣與世界足球接軌外，更是發現五人制足球要求場地小、人員少等特性，非常適合在台灣推展，自此開啟了台灣五人制足球發展的一頁。

時間過得很快，一轉眼就過了十年。這十年來在五人制足球協會的推展下，發展的範圍不再限於台北市，除了全國協會於2010年成立以外，新北市、桃園縣、宜蘭縣、苗栗縣、台東縣、

台北市五人足球俱樂部是台灣最具發展規模的五人制俱樂部。｜中華足協 提供

台中縣、嘉義縣、花蓮縣等縣市也都相繼成立。每年舉辦的賽事除了春季聯賽、克拉本溫泉盃錦標賽、中華民國五人制足球聯賽、全國五人制足球錦標賽外，還舉辦海峽室內五人制超級聯賽，成為海峽兩岸五人制足球的最高賽事。五人制足球不再是乏人問津的冷門運動，已然成而校園中最受歡迎的運動項目之一。

過去不曾有人想過，台灣可以主辦世界盃，但2004年台灣做到了。過去也不曾有人想過，台灣可以打入世界盃，但台灣在2013年加入AMF世界五人制足球協會後，隨即便獲邀參加2013年在哥倫比亞舉辦的第二屆室內女子五人制足球世界盃，並打入前八強取得台灣在世界盃裡最佳成績。

台灣與世界盃的連結，都與五人制足球有非常緊密的關係，持續推動五人制足球，絕對是提昇台灣足球實力，讓台灣往國際足球更邁進一步的正確方向。

除此之外，還發展女足及小朋友俱樂部，務求向下紮根，為台灣未來的足球而努力。

五人制足球球隊簡介

女足

北市女生足球運動推廣
歡迎女生同享足球之樂
每週日活動聯結：
http：//ppt.cc/RvpB

TOP FIVE足球俱樂部

TOP FIVE成立於2013年七月，宗旨為推廣安全、多元、專業、快樂、創意的足球運動，提供2－12歲課程銜接系統，目前會員遍佈台北、新北、台中三大區域。

北新國小足球社團

北新國小足球社團創立於2008年，創社理念為推廣足球運動，讓好動、愛動的北新學童能在團隊學習中，建立良好足球運動的技巧及習慣，主要師資為國內S.F.C.教練團，並由家長後援會共同管理，目前學員近170人。

臺北市信義區光復國民小學足球社團

光復足球社成立於2010年9月，宗旨為推廣「五人制足球」運動，進而強健身心發展。目前成員有代表隊及一般社員，約100人。

最佳成績：

2014年全國盃五人制足球錦標賽U10冠軍

2013年教育盃U10亞軍、U12冠軍

松山足球俱樂部：

S.F.C成立於2003年1月，經營至今已有10年之久。目前團隊經營之學校校隊、課後社團班、俱樂部課程。總學員人數600名。

最佳戰績：

2014年全國盃五人制足球錦標賽：U6冠軍、U8冠軍、U10亞軍、U12殿軍

2013年全國盃五人制足球錦標賽：U6冠軍、U8冠軍、U10季軍

快樂瑪麗安

快樂瑪麗安延平校區推廣五人制足球，讓小小孩也可以享受足球這個全世界最令人狂熱的運動之一。（註：為課後才藝五人制足球課程，非既定課程。）

文 Eddie

Chapter26

足球彩券的要點

大部份的足球彩券入門者都認為足球彩券是一個十分簡單的遊戲，要贏錢輕而易舉。一場足球比賽只有兩支參賽球隊，結果亦只有三個，包括主勝（主場的一方球隊勝出），和局（雙方打成平手），客勝（作客的一方球隊勝出）。

若在足球彩券角度中，由於有亞洲讓球盤的出現，一場賽果投注者只會有兩個結果，就是贏或輸（走盤不計算在內）。既然只是那麼簡單，為何輸錢的一方永遠是投注者，相反莊家則永遠處於不敗之地呢？

莊家不敗之謎——利潤指數

早年的歐洲足球彩券十分簡單，投注勝負的只有主客和，及後為了增加足球彩券收入，加入了很多不同玩法，包括進球大小、半場主客和，半全場賽果，首名進球，正確比數等等。有些莊家為了吸引顧客，連一些不關乎比賽結果的也列入投注項目，如角球總數，紅黃牌數目，甚至那一隊先開球，那一隊先取得界外球，那一隊先取得角球等等。

無論以上任何一類足球彩券彩池，莊家在每一項彩池都會設定一個自己的利潤比例，即所謂抽水率（抽水率：指程序設定莊家盈利多少的一個機率數字）或莊家利潤指數，以數學角度，所有選擇合計的機會率必然是100%，兩者所差的異數，即莊家所賺取的利潤，可之稱為「over－round」，中文可稱之為「利潤指數」。

就以簡單的讓球解釋，假設

有一場賽事是利物浦對阿森納，盤口是利物浦讓半球，上盤（即利物浦取得勝仗），賠率為1.9倍，下盤（即利物浦未能勝出賽事，賽果是打和或阿森納取勝），賠率也是1.9倍，莊定其實已把這場賽事的莊家利潤指數設定為1.05。

計算方法十分簡單，當有投注者下注了上盤$100元，而另有投注者下注了下盤$100。無論賽果如何，莊家在這$200元的投注額內，已一定有$10利潤，原因是這場賽果無論是利物浦勝、打成平手或阿森納取勝，由於上盤及下盤的賠率都是1.9倍，莊家收了200的總投注額，最終也只會賠回$190予其中一方，結果餘下的$10（約5%的總投注額），已被莊家平平安安地贏取了。

如果投注偏向任何一方時，莊家會如何處理？其實當大量投注偏向任何一方時，莊家隨時可以把盤口或賠率調高及調低，若金額過大時，亦可「出貨」到其他莊家，以減低風險。更甚者有些莊家，遇到不明朗賽事，直接停止受注，對投注者而言，絕對是不公平的。

除了讓球盤外，另一個莊家賺利潤較少的投注項目為進球大小，由於投注類別只得兩個，大或小，所以利潤指數亦不會太高。

上下盤利潤

一般莊家皆設定上下盤賠率為1.85倍左右，即莊家利潤指數約1.08。（莊家利潤指數計算方法，可用1除每項賠率，再相加起來，然後減去1，得出來的數便是莊家利潤指數，以上為例，1/1.85=0.54，0.54*0.54=1.08，1.08－1=0.08）。

主客和也是一般投注者的主要投注類別，由於結果會有三個，莊家利潤指數亦相對提高。選了一個較為簡單易明的盤口，假設本場賽事曼城對切爾西，主勝賠率2倍，和局3.2倍，客勝3.2

倍。由於有三個結果出現，莊家利潤指數即時增加至1.125。莊家若根據以上賠率開出亞洲讓球盤，則會出現奇怪賠率，根據主客和的賠率，若開出讓球盤，上盤2倍（即曼城勝），下盤1.6倍（即打成平手或切爾西勝），但這情況卻不會發生，原因在於亞洲盤若出現這個賠率，莊家利潤指數由正常的1.05跳升至1.125，投注者將一定不會下注。但早年遇到這盤口的賽事，往往所見莊家會將上下盤的賠率提升，即買主客和的主勝2倍，而讓球盤的上盤卻有2.1倍，下盤亦可能由1.6倍增加至1.7倍或以上也未定。遇到這些情況，相信投注者都應懂下注那一個彩池。

讓球主客和

近年某些莊家推出讓球主客和的彩池，結合了主客和及亞洲盤兩個不同玩法，此彩池是讓投注者下注上盤時，可選擇上盤的球隊贏對手一球還是超過一球，以贏取更大回報。當然莊家推出最大原因是希望莊家利潤指數較讓球盤更大，其實此彩池於90年代中，由英國一間足球彩券公司引入，當時歐洲一般足球彩券公司主流投注彩池皆為主客和，但為了滿足亞洲球迷需要，他們嘗試推出亞洲盤，但對於莊家而言，亞洲盤利潤低兼且風險太大，結果他們想出一個方案，就是當走盤時，收取5%行政費用，（走盤的定義是一場球賽經過讓球盤後，雙方皆沒有分出勝盤，便算走盤，將投注額全數交還投注者。舉例：賽事曼聯對利物浦，讓球盤開出平手盤，結果是和局，所有金額將全數退回。）結果此收費方案只是運行了一段很短的時間，便因不受歡迎而終止，最後他們便推出了「讓球主客和」的彩池，雖然受歡迎情度比不上亞洲盤，但由於賠率略高（賠率高不代表莊家利潤指數低），亦不乏投注者支持。

和大家算一下數學，以上三

個彩池（或可算兩個），莊家利潤指數約1.05至1.125，即我們下注10場比賽，中5場亦要輸錢，中6場才有希望與莊家打成平手，中7場不足30%利潤，中8場才有接近50%利潤。試問有那類彩券的回報率比這個更低，此外要有8成命中率，如果短期作戰機會總會有，但如要長期作戰而命中率那般高，一般投注者皆甚難達成。既然賠率低，而命中率要高才有回報，有些投注者便選擇一些高賠率的投注彩池，投注者究竟有沒有好處呢？

向高難度挑戰

在足球彩券要有好賠率回報，便要向高難度挑戰，高賠率的彩池選擇大致上有以下四種，半全場、首名進球球員，正確比數、過關。

半全場的玩法是猜中半場（45分鐘）及全場（90分鐘）之主客和賽果，總共有9種半全場賽果可供選擇，包括主主，主和，主客，和主，和和，和客，客主，客和，客客。（「主」代表主隊勝，「和」代表和局，而「客」代表客隊勝）。根據上文所提供的莊家利潤率計算方法，不難發現任可一場賽事的半全場，莊家利潤率達約1.25，較讓球的1.05多4倍，較主客和的1.125多1倍，試問如何可擊敗莊家？

首名進球球員又是一個莊家利潤率甚高的彩池，但是最要命除了容易「虧損」外，要判斷一個進球是由那位球員最後接觸的，根本沒有一個客觀的定義。如像球員一射或一頂的簡單進球，判決自然沒有任何爭議，但每當有球員遠射，而撞中自已的隊友而改變射球方向，繼而進入網內，目前的判決是指射門球員所射的球，球飛向球門的線路是否直指球門而決定，是射球者進球或被球撞中的球員所進。

若單從電視機的攝影角度下判決，爭議之聲必大，而且決定誰是首名進球，莊家可有自已的宣布，投注者不得異議。在一個這麼不公平的規則下下注，你認為可以接受嗎？

正確比數及半全場贏很多？

正確比數就是要猜中該場賽事的90分鐘賽事比數，其實很多年前，每個莊家於每場比賽先提供賽事結果比數讓球迷下注，部份賽事是沒有提供的進球太大的比數，每當賽事結果出現此類比數，都成為莊家的「通殺」項目。

90年代中，有些莊家為了公平起見，一些沒有於表單內提供的比數，一律視為「其他」以供投注，堵塞了這個漏洞，看似對莊家不利，但不妨研究一些目前有開出比數供球迷下注的賽事，不難發現莊家每場會提供約30個不同比數的比數以供選擇，有些賠率達至1,000倍，看似非常吸引，但只要你拿出計算機，算一算每場賽事的比數賠率莊家利潤指數，你就會大吃一驚，皆因每場賽事的莊家利潤率皆超過140，試問如此高的利潤指數，莊家真的不怕你能猜中多少，最怕的只是你不下注而已。

半全場及正確比數甚受球迷歡迎，皆因賠率表面上十分吸引，但如有發現，很多球迷於投注時，大部份都不會只投注一個組合，例如半全場，有球迷喜歡選冷門，他們會選擇「主客」及「客主」這兩個必有好賠率的組合。

有球迷認為這場賽事和局機高，他們會選擇「主和」「客和」兩個組合，有些則選「主和」「和和」，更甚者有選「主和」「和和」「客和」三個組合。此外，有些球迷認為本場主隊必勝，但又覺得主勝的賠率太低，他們會選擇「主主」「和主」去獲取更好的回報。

至於正確比數方面，很多球迷都喜歡買大比數，原因賠率必高，大部份都選擇包牌，一場賽事投注4個或更多的組合，務求一定要命中。以上皆是一般投注者的心態，無疑表面上賠率甚高，但實際上回報率低得驚人，甚至比簡單投注的回報更低也說不定。

假設你選了一場賽事下注，選了5個比數下注，賠率為10倍至100倍，若果你中了10倍的比數，實際上的回報只有2倍（10倍/5個下注單位），就算爆出100倍的比數，回報率也只有20倍，可能你會認為有20倍的回報已很好，但實際上，一場賽事超過30個比數組合給你選擇，但最終只得20倍的回報，你認為值嗎？要中100倍比數的難度有多高，當然有人會說很容易，但建議大家不妨試試紙上談兵，這個星期選幾場賽事，選擇幾個比數，事後看看自已的命中率有多高，便可一清二楚。有高賠率的回報，若贏了一場後，尚可多玩幾場，但一些回報低，而又下注了多個組合的賽事，不用輸錢已很開心了。

貪心反而會損失

大部份投注者都十分貪心，每當認定一場賽事結果時，他們都會再向難度挑戰，到頭來只會得不償失。就如很多投注者，認定一場賽事和局的機會十分大，他們也會多加一個組合，務求增加賠率回報，查看半全場賠率，很多時候「主和」「和和」「客和」的三個組合賠率都低於6倍，或者其中兩個低於5倍，而另一個則約7－9倍左右。

大家計算一下，假設下注的一場賽事真的是和局終場，如你投注主客和的和局，通常都會有2倍的回報。但若你選擇半全場投注，如選任何兩個組合，如「主和」「和和」，就算真的開出，結果也沒有2倍的回報。好運的話開出最冷的一門，中彩後的回報也不多於3倍，但不要忘記，如你只選擇三組合中其中兩個組合，你是有機會比賽進行到半場時已經輸了。

若同時下注三個組合「主

和」「和和」「客和」，雖然與下注主客和和局一樣，必定命中，但你中彩的賠率組合，必須多於主客和和局的3倍，才算有好處，否則你的回報就會減少很多。

過關對於莊家而言是最受歡迎的，原因在於抽水率更高，簡單而言，每場賽事結果只有3個組合（主勝、和局、客勝），如果兩場賽事過關的話，便會變成9個組合（3x3），三場過關賽事便產生27個組合（3x3x3），餘此類推，過關場次愈多，組合變化愈多，投注者中彩機會比率將按場次增加而不斷減低，相反莊家可從中分散風險，贏錢的機會更加大。雖然難度大，但過關對於投注者而言，是一過以小搏大的機會，只要你下注時花點心思，要贏錢不是沒有可能。

足球足球彩券雖然好玩、易玩，但要贏錢是一件艱巨的任務，如至今你仍未找到致勝法門，記得只可小注怡情，切記。

文 林健勳

Chapter27

足球戰術與陣式簡介

2014年的六月在巴西將會舉行全球萬眾觸目每四年一度的世界盃，有份進入世界盃決賽圈的32支國家隊都正在磨拳擦掌，期望能代表自己的國家奪得足球界上最高的榮譽，而每一屆的世界盃都會為足球的陣式和戰術帶來新的啟示，從世界盃中成功的陣式和戰術會令人相繼仿效，正如近年來在國際球壇搶得世界第一的西班牙，控球在腳的踢法相繼成為各球隊的模仿對象，但究竟是球隊跟著陣式及戰術而行，還是戰術及陣式跟著球隊而設計呢？不如我們先先看看陣式與戰術上的關係如何影響球賽，及世界盃的歷史中，陣式上如何的轉變。

基本的陣式

在足球比賽上，每一支球隊的教練都會在比賽前安排一套陣式及戰術給球隊在比賽中運用，如何的將陣式及戰術配合對戰局影響十分之大，在陣式上我們會以3－5組數目字區分，由後衛開始數至前鋒，例如4－4－2陣式，即是代表排出四名後衛、四名中場及兩名前鋒的陣式，或者是4－1－4－1陣式，即是將陣容再更仔細去分區，即代表著四名後衛、一名防守中場、四名中場及一名前鋒。

而陣式能給球員們一個明確的位置，再配合戰術了解自己在比賽中的責任，同時能知道隊友會出現在那個位置支援，發揮出每一個球員的力量，所以教練需要配合球員的特性、優點、缺點來找一個適合球隊的陣式及戰術，更重要是通過前期的訓練，從時間的磨合製作出適合自己的踢法，形成自己的風格。

陣式的演變

在目前的足球陣式裡大多會出現4－4－2、4－2－3－1、3－5－2等達至攻守平衡的陣式，但在最早期有歷史記載的陣式裡出了一個令人摸不著腦頭的陣式，在19世紀的足球比賽中，擁有多年足球歷史的英格蘭在當時排出一個1－2－7的陣式，的確是1名後衛再配合2名中場球員再加7名的前鋒，揮取簡單直接的進攻戰術，最後的球員把足球直接踢向前面的進攻球員，而兩名的中場球員負責接駁之用，這種進攻足球就是當時代表亦是最早期的陣式。

經過十幾年後，足球隨著時間而進步，到了1930年的世界盃，烏拉圭就是採取2－3－5的陣式，加強防守但仍保持進攻力而奪得當年的世界盃冠軍。隨著時代的轉變，各地的教練開始發現防守力不足的問題，開始減少前鋒的人數在中後場增加人手，而義大利把陣式轉變成2－3－2－3成功奪得1934及1938兩屆世界盃冠軍，這個變得攻守平衡的陣式成為日後陣式的基礎。

到了球王比利出現的巴西，採取4人的防線，排出一個4－2－4的陣式，在後防線增加至四人加強防守能力，但同時兩邊後衛會經常參與進攻而不失進攻足球的風格，這一種四人防線及兩閘助攻更成為現化足球陣式的基石。

英式打法

而歷史悠久的英格蘭當然也有一套屬於自己的成功陣式，英格蘭球員身體質素強壯，力量與速度具備，所以形成了4－4－2的陣式，以長傳急攻的方式進攻，加上兩邊翼鋒出色的速度及傳中球，配合足滿力量的中鋒，成為簡單直接的英式足球，1999年，曼聯奪得三冠王運用這個陣式，而巴西更從4－4－2中加入幼細的腳法，變得更剛柔並重，成功奪得1994年的世界盃。

當然也要提一下，兩個當時十分有影響的陣式及戰術，首先是義大利的十字聯防，當時把四名後衛變成1－3的排位，出現了清道夫的位置，再加上一至兩個的防守中場，連成一個十分有防禦性的踢法；另一個是德國的自由人，當年碧根鮑華把這個全能的踢法帶到足球界，震撼全球，在防守時他會以清道夫身份在後衛後面補位，進攻時他會到前場參與進攻，這一種全能足球更是現代足球員必備的足球意識，但因為越位條例不斷的修改，使清道夫的位置也開始反而影響球隊防守的部署，慢慢便失去作用，但其補位、攔截的意識對球員防守時有著很大的作用。

近代足球陣式

我們可以看到足球陣式在這百年來的轉變，到了近代，在足球界扮演著領導者的歐洲各大聯賽，大部份球隊都會使用4－3－3、4－2－3－1、4－4－2、4－5－1、3－5－2這些較主流陣式，不過戰術上的變化更為吸引，在同一的陣式上都會有不同戰術變化，形成百花齊放的局面，這也令足球健康的成長。

先說對現今球壇影響最大球隊－巴塞隆納，這5年來，這支西班牙球可算是征服了全球球迷，他們在瓜迪奧拉帶領下，在比賽中出現陣式上變化，先說在比賽時他們會排出4－3－3陣式，以控球在腳小組入滲為主，當他們控球在腳時，一名中場球員會後退到兩名中後衛之間，同時間把兩名邊後衛推上，形成3－4－3之陣式，同時巴塞隆納帶出了偽中鋒的特色，他們的中鋒不會長時間停留在中鋒位置出現，目的是帶走中路的防守球員，使中路出現

足球戰術不斷的改變。｜陳銳誠（Shing Chan）提供

更多空位由兩名邊路前鋒插入。而防守方面，他們會於失去控球的位置即時進行壓迫，減少對方球員思考的時間，而重點在於巴塞隆納每一名球員的個人能力都十分強，在控傳、個人突破方面都處於很高水平，所以當他們控球在腳時很少會失去控球權，由攻轉守的次數減少，所以採取即時壓迫也不會令體能方面有很大的負擔。

巴薩的成功

另一重點在於他們的青訓系統，他們在年青球員時，已經使用這一種踢法，跟據哈維所言，在20年前克魯伊夫就把全能足球的思維帶入巴塞隆納，成為巴塞隆納自己獨有的風格。20年後更顯示出在青訓這方面的成功，所以為何他們在防守時的壓迫或進攻時的控傳永遠都有一種令人「總是打多一個人」的感覺，因為每一名在這青訓系統出來的球員都十分了解整個戰術架構，形成一種無形的默契，使每一名球員在進攻或防守時都不會出現重疊情況，亦解釋出為何在眾多加盟巴塞隆納的球星只有少數會長期留隊，離開的包括伊布拉希莫維奇，雅雅圖雷，比亞等球星…等，不是他們的能力不足，而是他們未能融入巴塞隆納的風格。

在西班牙國家隊方面亦以巴塞隆納的戰術為基礎，再以哈維，佩約爾，因涅斯塔等巴塞隆納主力球員為骨幹成員，配合其他有實力的球員，使西班牙成功奪得世界盃及歐洲國家盃，取代巴西成為新一代足球壇上的霸主。所以在沒有前期訓練之前就套用巴塞隆納的踢法，這根本是天方夜談。

拜仁新模式

當然在不停進步的足球世界裡，自然有擊敗巴塞隆納的踢法出現，先有穆尼里奧在國際米蘭及皇家馬德里時拿採取防守性極強的穩守突擊的踢法，期後更出現新一代霸主－拜仁慕尼黑，拜仁慕尼黑採取類似4－3－3的4－2－3－1或4－1－4－1陣式，再配機動性的踢法，在2012/13球季的歐洲冠軍聯賽四強痛擊巴塞隆納，其後奪得當屆的冠軍，拜仁慕尼黑踢法上承繼了德國足球的傳統，有很強的機動性及良好的整體性，這可算是德國人的民族精神而潛移默化到足球的思維上。

近期他們會採用4－1－4－1的陣式，在4名中場後面加一名防守性中場負責連貫及補位之用，而兩名邊後衛也會參與進攻，使進攻人數沒有減少，而4名中場球員有很大的自由度，使進攻變得多元化，把控球在腳的踢法，陣式的轉換，防守時的集中、壓迫，再加上更強的機動性及整體行動性，懂得如何配合球員的特質，把速度提升，演變成自己的風格，亦為足球帶來進步，使足球的陣式及戰術帶到更高的層次。

剛剛提及的穩守突擊方面，穆里尼奧在這方面可算是代表人物，他大多會排出4－2－3－1的陣式，在四名後衛前加多兩名防守中場，而另外三名的中場要有勤勞的態度作出防守，所以在球隊防守時，每一名球員都人參與其中，而當搶得控球權後最前面的四名球員就會作出快速反擊，兩名邊後衛也會在適當時參與進攻，兩名防守中場留在中路專心部署防守，有媒體曾說過穆里尼奧是希望用三次傳球就要把攻勢到達對方的心臟地帶，可見反擊之快。

其實在球場上，正如兩軍在戰場上對戰，陣式與戰術之間的抗衡也是足球比賽吸引之處，你會發現每一隊成功的球隊都有自己的風格，並不是盲目模仿。作為教練，首先要了解隊中球員，參考在世界各地不同球隊的戰術，配合球員的特性，從而計劃出適合球隊的踢法，通過訓練進行及執行、微調及改善，形成一套屬於自己的風格，當擁有一套基礎踢法時，球隊於不同的比賽計劃偏向防守或進攻時球員也能更容易適應，如球員能在青少年時期訓練時，已能跟隨球隊風格而制定的練習程序來訓練，到將來進入一隊時更能延續球隊的風格及實力。

最後，現今的足球比賽裡，無論身體的碰撞、速度的競爭、體能的需求，只會不停的增強，所以我們能看到強國在戰術上及陣式上需要進步及改良來增強與對手的對抗能力，十分期待今年的世界盃，各國能為足球界帶來新衝擊，出現不同風格、百花齊放的局面，使足球不停的進步。

Chapter28 足球與我

人生如足球

文：傑拉德

有很多台灣朋友問我：「為什麼放棄在香港的事業，跑來台灣推動足球，你神經病嗎？」我當然不是神經病啦，而是我十分喜歡台灣這塊土地，當我在二十多年前首次踏上這塊土地，我便喜歡上這裡，喜歡這裡的人與物。同樣的，我也很喜歡足球，很希望足球能與所有台灣人一起分享（詳細原因已在自序中說過了！）所以，我便決定全力來台灣了！

我第一次看足球比賽是在1978年的世界盃，當年十歲的我，當然不太清楚，球場上跑來跑去的一群人到底有什麼好看的，也很好奇爸爸為什麼半夜還不睡，一直在看這一群人。

當然，人是會長大的，後來慢慢便知道什麼叫足球，當時的香港，每週已有德國足球與英格蘭足球的精華節目，而每年都會衛星直播三場英格蘭足總盃的比賽，一年就等待這三場比賽，我與爸爸都十分隆重其事，早已買好零食與可樂，準備迎接難得的直播比賽。

到了初中一年級後，我便加入學校的足球隊，正式學習足球運動，慢慢便對這項運動著迷了。無論什麼時候，整天都在踢足球，所有當時有播的足球節目，全部都必定會看，當然也不會放過香港的足球雜誌，也常常跑到大球場，看香港的甲組聯賽。

1982年的世界盃來臨，那是我第一次真正看得懂，並且每天半夜都會起來看比賽的一屆世界盃。因為1978年世界盃冠軍是阿根廷，所以，腦海中一直認為阿根廷是很強的，而且，當時又有馬拉度納，正當期待他們的冠軍本色時，揭幕戰便以0：1敗於比利時，我便開始認識到「聞名不如見面」這成語了！

看過多場比賽後，看到熟悉的英格蘭與西德，之後看到黃色球衣的巴西，這才知道，原來踢足球可以像跳舞一樣，濟科的秀麗腳法，就算蘇聯門將無論打得多好，都要敗在巴西腳下。

後來慢慢知道了，西德、阿根廷、義大利等國家，沒有如想像中那麼厲害，一些賽前大家都沒注意的北愛爾蘭、比利時卻表現出色。巴西四戰四勝後，面對義大利，竟然在大好形勢下落敗。當時心裡很不舒服，也使我開始知道，原來打得好的一方，不一定能贏的。

自此之後，我再沒有錯過每一屆的世界盃了。而且，隨著香港電視播映足球比賽漸漸增加，看到比賽更多，如義大利、西班牙的聯賽，再加上常常聽香港著名球評如林尚義、何鑑江、黃興桂等的評述，讓我對足球的知識越來越多。

1986年的世界盃，阿根廷可以在馬拉席納的手球下奪得軍、1990年更是優敗劣勝的代表…。

每一屆世界盃或每一季的各大聯賽，便成為生活的一部份，就算是進入社會工作，每星期都必定要踢一場比賽。過去也曾因為看足球比賽，而與女朋友分手，也會與老闆吵架，總之，就是不能缺少足球。

2007年我放棄在香港的事業，決心在台灣推動足球，我知道，全世都在瘋足球，沒有道理會少了台灣的一份。

在台灣這七年，算是略有成績，有當球評、出版足球雜誌、在媒體寫專欄，甚至與一眾好友合資開設室內足球場館（後被政府抄家！）過去，足球是我的人生中的一部份，而今天，足球已經是我的全部。

發哥足球情緣

文：何長發

我從小喜歡運動、看比賽，老早便立志做個專業公正的體育傳播人，抱持這一理念升入世新學新聞專業知識；1979年我以毛遂自荐方式推銷自己，進入當時全國最紅的體育專業報「民生報」工作；到2004年為了全心擔任TVBS轉播歐洲國家盃及美洲盃的球評工作，選擇服務滿25年毅然申請退休。

在民生報，自我的期許，「不在升官，而在個人工作成就上能夠得到肯定。」因此，用心專研世界第一大球類運動足球，從82年世界盃足球賽開始，每屆大賽都精寫足球。並且從98年世界盃開始，一直擔任電視足球轉播的「球評」工作。

個人足球著作方面，最引以為傲的是，在1994年世界盃足球賽，著作「百大球星」及「射破太空迎足神」兩本民生報世界盃足球專書；四年後的1998 年世界盃足球賽，再著作「笑傲足球」及「足角爭輝」兩本足球專書，起碼至今，發哥仍是台灣本土為世界盃足球賽著作足球個人專書最豐富的作者。

個人參與電視足球講評經驗，曾擔任1998年、2002年及2006年三屆世界盃足賽「球評」，以及2004年歐洲國家盃、美洲國家盃大賽，還有台北世界FUTSAL室內五人制錦標賽的講評工作 。

足球一直是我的最愛，也是我的專業與自傲，甚至被圈內好友稱為「台灣的足球字典」，我曾抱著為足壇改革的心切參與全國足協事務，但那十個月卻成了我前半生最窩囊的回憶。2006年1月春節前夕，毅然決定離開足協，簡單一句話，足運推展無法落實「制度化、組織化」，不去除「人治化」的話，台灣足球之路遙遙。

50歲以前，青春、少壯的25年歲月全奉獻給民生報，「為志趣而活，更樂在工作中，享受我的生活」，一直是我的人生態度。年過半百後，選擇堅持只為一生最愛足球的專業，快樂地自由自在過人生，看足球、踢足球，更評論足球。雖然不願再介入國內足壇事務，我仍持續在個人的專業領域耕耘，六年前退休以來，這幾年個人足球專欄，相繼發表於海內外不同的媒體通路。

尤其在2006年上一屆世界盃開幕前兩個月，在高速公路上經歷一場大車禍之後，能夠車毀卻全家大難不死，現在正值「天命」的開始，我對人生抱持著：「一切盡其在我，主動出擊但不強求的態度。」

2010又適逢世界盃足球年來臨，發哥就像四年前一樣，在大賽前，規畫世界盃足球年的「校園巡迴開講」，希望藉由這樣的機緣，讓時下的台灣學生族群，能先掌握與全世界足球迷同步的應有足球基本知識，以迎接全球瘋潮的來臨。

發哥有幸早在1982年世界盃足球賽便恭逢大賽，如今年過半百，依然堅持不斷精寫世界足球評論，連續八屆世界盃足球賽的情緣，伴隨著發哥的大半人生。只要發哥健在，堅信，我與世界盃足球賽的情緣將「緣緣不斷」，直到「天命終止」，最終將寫下一個歷史紀錄。

別生我的氣，好嗎？

文：蘭帕德

為了足球，從小到大，最愛的女人都生我的氣！

大約10歲開始，就愛上踢足球。學校有一個石板地足球場，每到休息時間，總會跟同學們走到球場，盲目的跑呀跑，踢呀踢！夏天的時候，身上穿上白白的夏季校服，每當碰撞跌倒，校服都會被狠狠弄髒，回到家中，就得受老媽的刑罰。

冬季校服更糟，穿的是質料粗糙的長褲，經不起磨擦，從地上爬起來的時候，就會發現膝蓋上穿了個大洞，兒時家裡艱難，沒多餘錢買新的，就會用布碎補呀補，看上去像小乞丐，總被同學們竊笑。除了要受老媽的重刑，還要承受自卑纏擾，但為了足球，我受得了。

有一次，遇上球場狙擊手。球場是共用的，休息的時候，隨時有數以百計的學生在踢球。但世上就是有這樣的變態？有些較高年級的同學，不是來踢球，而是來打獵！他們會瞄準低年級的同學，使勁地踢出球，香港語所謂「省波餅」（慘遭球吻），不少同學被他們「省」倒在地上，他們就哈哈大笑。

有一次，我成為他們的目標，皮球迎面「省」過來，我躲避不及，吃個正著，頓時跌倒在地，鼻血有如泉湧！有點害怕，我從來沒有見過這麼多血，黃色的體育服染紅了。同學把我送到醫療室，老師看見也嚇了一跳。回到家中，老媽看見我身上的血衣，擔心得哭了起來。

此後，我經常會流鼻血，為此到過幾次醫院急症室。為免老媽擔心，有一兩年時間，沒有再踏足球場，只在球場邊，控控球，打打門。

長大了談戀愛，女友亦為了足球吃醋！

中學開始，再次踏上足球場，隨時隨地踢個不亦樂乎。高中以後，大家都忙於唸書、工作，相約朋友踢球就成為週末、週日的重點節目。單身的時候絕對不是問題，然而談戀愛後就得抉擇。週末、週日是約會的好時光，而我就把這良辰花在球場上，一次、兩次還可以，每星期如此，女友不發難才怪！OK……妥協了，就週末踢，週日全心陪你！這段感情，也維持了一段時間。

爭寵吃醋還沒有結束！後來開始另一段感情，平日各有各忙，每逢週末、週日，才能放下一切，跟女友在一起。然而，歐洲各地聯賽都會風起雲湧，每當夜幕低垂，雖然人在吃晚飯、看電影，但是心早已飄到英格蘭、德國、義大利、西班牙的戰場。一般球賽都會踢到半夜，每次我都會叫女友先睡，我自己則一邊工作，一邊看球賽到天亮。久而久之，女友不滿，老是提着我們之間有時差。後來知道，原來女人睡前都喜歡跟男人聊聊天，分享當天的生活點滴，否則會容易感到被冷落。可惜，知道的時候已經遲了。

如果再經歷一次，我能夠為此而不看足球嗎？不會。

為了足球，從小到大，最愛的女人都生我氣！

不過，一切都值得！

為兒子改英文名字

文：李凱倫

編者要求寫一條有關足球感想的稿子，這太容易了，於是我把他放作最後一篇稿子來寫。但不知怎的，聽著〈Sweet Child O'mine〉這首最能帶出靈感的音樂，我面對鍵盤卻久久不能敲出一字，香煙吸完一根接一根也沒有幫助，因為實在有太多的感想，卻不知從何說起。

我說足球是我的朋友，讀者可能會覺得很廢話。但對於一個曾經的新移民兒童而言，它確是我最重要的朋友。現代城市到處都是人，但要找個朋友往往不容易，他們都很有禮貌，見面少不了一句「有空吃頓飯」，但最後陪伴你、給你帶來快樂的是足球。

足球不光是朋友，他還是我認識朋友的媒介。踢足球是群體運動，一個人只能對著牆踢，兩個人可以互相傳球，但哪能比得上雙方對壘？有敵人或對手，你需要信得過的夥伴，在戰術上有共同看法的隊友，於是，場上的好搭檔，自然而然會成為場外的好朋友。

陌生的環境讓我變得羞怯，是足球給了我自信。原來我可以

比人家跑得快，比人家踢得遠。於是朋友越來越多，也讓我更沉迷於踢球。也許透過踢球提升自信，讓我付出學業上的代價，但假如學業為的是找份好工作，那麼我的選擇也許沒有錯。

足球給了我一份好工作，也許薪水不是很讓人羡慕，但那畢竟是份自己喜歡的工作，人生能做自己喜歡的事情，我想沒有事情比這更好了。因為喜歡所以投入，因為投入所以要把它做好，這是足球帶給我的啓示，也應該是人生的意義所在。

老婆總問我老了怎麼打發時間，不會下棋，又不會打麻將，我說從來沒擔心過，只要網路通了，我就可以找到我的朋友。網際網路時代拉近我跟足球的距離，讓我幾乎跟歐洲球壇零距離，這是不需要報紙的時代，因為印出來的，我都從電腦上看過。

等兒子長大之後，我也會讓他接觸足球，我期望跟他一同上陣的時候，到時我們將不再是父子，而是好搭檔，以至於成為好朋友。我至今還沒給那傢伙取個英文名字，Ronaldo太俗，Torres不好發音，Maldini太過時，也許明天會有好主意。

這本書是我出版的第一本書，記得2003年就有機會出一本有關足球的書，但最後不了了之。這個出書夢最後由好友傑拉德穿針引線，隔了一個台灣海峽得以實現。在這裡要向他說聲：「謝謝！」

足球是人生的縮影

文：李弘斌

常有人問我為什麼喜歡足球？我想原因很簡單，因為足球跟人生很像。在足球比賽中，進球是件很困難的事情，就像俗話所說，「人生不如意十常八九。」正因為如此，每顆進球就像成功的時刻，因為困難而特別有意義。

成功沒有捷徑，在足球比賽

也是。你不能像棒球一樣，一次打個滿貫紅不讓撈進四分，也不能像籃球一樣，在外線靠三分球追趕差距。足球賽一次只能進一球，落後1球，就得連進兩球才能獲勝，沒有任何取巧的捷徑。

足球不像用手控制的棒球或籃球，雖有力量卻不可能百分百的精準，你無法像籃球的最後一擊那樣佈局，無法用犧牲觸擊來提升得分的成功率。就算真的運用戰術跑出空檔，球卻未必能傳到預定的位置，就跟人生一樣，有太多無法操之在我的變數。

貝克漢弧度完美的邊路傳中，不一定能順利助攻隊友破網，阿根廷在德國世界盃上，以26腳精準的傳球踢開塞爾維亞與蒙特內哥羅的大門，終究是異數中藝術。

在足球場上，精密安排的佈局未必奏功，卻也有些進球來得莫名奇妙，就像人生總是充滿著不確定性。但我們所有人都像教練和球員一樣，在充滿變數的戰場中努力追求成功率，希望得到好的結果。

很多台灣人覺得足球沉悶，某方面來說，足球賽因為進球不易，等待的煎熬確實難熬，但足球卻是連續性最好的運動，除了傷停等狀況，時間都在進行當中。能夠享受箇中樂趣的足球迷，反倒會發現其他打打停停的運動賽事，才是真的沉悶。

正因為足球無可取代的連續性，它很難像棒球或籃球一樣，引進即時重播畫面來輔助判決，你不能讓兩邊球員都停下來，等裁判去看錄影帶再決定是否改判；在運動競技愈來愈商業化的時候，足球轉播也因為其連續性的特質，很難插入廣告，而能保存一定的完整性。

棒球比賽被切割成一個個半局，高爾夫是一洞一洞的打，籃球賽可以多次喊暫停，來佈置最後一擊的戰術。但人生不是片段，每個人的人生都是進行式，時間從不曾停下腳步，只有足球比賽最接近這種感覺。

就戰術執行的成功率來說，有人覺得足球不夠「科學」；就商業廣告不易切入來說，有人嫌足球不夠「現代」。但這項歷史悠久的運動，正因為它不很科學、不很現代，才能一直維持著其迷人的傳統，保持那種打動人心的力量，那是一種「原始」的激情。

每當Fair Play的歌曲響起、執法裁判帶領兩隊球員踏入場內的那一刻，就像是喚醒沉睡細胞的嘹亮號角，讓我的心裡升起一股悸動。用心去感受那90分鐘的激情，也許在比賽結束的哨音響起之後，我們對人生又會有另一番體會。

足球就是生活

文：桑田

對於足球迷來說，四年一次的世界盃就是一個輪迴，總會如約的來到，留給球迷一個月的激情，和接下來四年的記憶與等待。一個輪迴代表著一段故事，一個輪迴代表著一段記憶。跟幾乎所有台灣人一樣，我並不是天生的足球迷，我從小喜歡的運動是棒球，跟哥哥、鄰居們組成了街頭巷尾隊，我們自以為是的苦練著，希望有一天能代表台灣出國比賽，拿冠軍得金牌，在遠東區少棒賽中痛宰日本壽司與韓國泡菜。

對於足球，最初的記憶已經無法考究，從只知道幾個名字，了解一點規則，再後來偶然看到一個叫馬拉度納的小個子，在一場比賽中先用「上帝之手」打進一球，接著又連續過了幾個人射門得分。我長大之後才知道，那神蹟叫作「連過五人」，那是1986年的墨西哥世界盃，這年我十二歲，而我的棒球夢也在這一年幻滅。

1994年的美國世界盃，獨狼羅馬里奧、唱著搖籃曲的貝貝托，憂鬱王子巴吉歐、金色轟炸機克林斯曼和當時還年輕的巴提斯圖塔，是這些球員讓我真正體會到了足球的樂趣與美的極致。當然還有那場經典的罰球決戰，一場真正的男人決戰，最終義大利的悲劇命運成就了巴西足球的輝煌。也是從這時候，我開始抗拒不了足球的魅力，足球竟然可以如此輕易的俘虜一個男人的心。是的，那年我二十歲，我成了一個真正的男人。

有那麼一段時間，澎湖馬公的軍港，一群927軍艦上的同袍兄弟，日復一日都是繁重的維修工作，每天都是那麼的沉悶，他們必須尋找樂子，很幸運的，他們找到了足球。甲板上飄蕩著瑞奇・馬丁唱的〈The Cup Of Life〉伴隨著除鏽油漆所產生的敲打聲，兩者合鳴竟是那般的美妙。永遠都忘不了，那是1998年的夏天，當時足球正在法國浪漫，而我的青春也夏日海風中洋溢著。

出了社會，每個人的人生都在快速的發生著變化，明天的際遇可能是你今天作夢都想不到的，我也在這樣高速的人生列車上前行。2002年，一個不用熬夜看球的世界盃，這一屆世界盃我記得更多的是恐怖的巴西「3R」組合與斯科拉里的運籌帷幄，當然還有東道主南韓的瘋狂與萬人迷貝克漢才有的圓月彎刀絕技，這時的足球已經可以給我帶來歡樂同樣也給了我悲傷，我竟開始能為足球而歡笑也同樣為了足球而落淚。

從真正看足球到現在已經十二年了，我很慶幸自己能夠愛上這項令全世界人瘋狂的運動，能有自己喜愛的球隊與球員讓我感到幸福。足球轉動世界，足球象徵和平，足球帶來經濟，足球不分貧富貴賤，不論你的皮膚是什麼顏色，不管你來自什麼地方，足球就是最美麗的語言。足球不僅僅只是比分，足球也不僅僅只是四年一度的大拜拜，足球就是生活，足球就是人生。有夢想的人生是幸福的，那怕過程有那麼多的艱辛，也是快樂的在前進。如今，我有一個足球夢，希望有一天足球也能成為台灣最受歡迎的運動，讓足球世界也能聽見台灣的掌聲！

我的足球人生

文：黃天佑

身邊的朋友都知道我熱愛足球，但喜歡足球能討口飯吃嗎？在台灣，大家都會問你，做足球要怎麼活？

但我確確實實，為足球犧牲奉獻了很多年輕歲月。

1998年我剛入行，在大成體育報做外電編譯，98年是世界盃年，大成體育報也是國內少數重視足球的媒體。但即使如此專業的報紙，也沒有專門只跑足球新聞的記者，也不可能養一個只寫國外足球新聞的編譯，所以足球記者要兼跑游泳、田徑和網球，編譯也要顧到棒球、籃球、網球、高爾夫……以及你可能不甚了解的相撲。

不過大部份時間我都是寫足球，有同事休假才需要我支援（幾乎每天都有同事輪休就是了）。

兩年後我到了好動網（可能資深一點的運動迷會有印象），這是個全方位的運動網站，當然不只有足球。當年我要負責足球和網球版，有時候也要支援其他同事。

又過了兩年，2002年日韓世界盃要來了，機緣巧合我遇到一個香港人，在台灣成立了一個足球網站，邀請我去幫忙，這是我第一次真真正正全然做著整天與足球為伍的工作。

日韓世界盃後，我和足球網以及幾個朋友出了一本世界盃紀念特刊，書賣得不錯，但足球網隨著世界盃熱潮冷結而收攤，幸好我們的熱情還在，《足球主義》在2002年9月創刊，台灣有了我們自己的足球雜誌。據足壇前輩表示，這應該是台灣有史以來，第一本商業的足球雜誌。

既然是商業的雜誌，在商言商，當然要賺錢才能生存。我和朋友們都很拼命，經常日夜顛倒，為了要讓雜誌能準時上市，趕起稿來可以兩天不睡覺。但即使努力再努力，台灣的足球市場也非一本足球雜誌就能起死回生，兩年後我們敵不過經濟壓力，《足球主義》歸於塵土，留下的只有一些債務、兩袖清風、滿頭白髮，以及欠了很多好朋友的人情。

《足球主義》雖然結束了，但他至少是個嘗試，台灣的足球大環境不佳，不表示沒有足球迷，至少每四年一屆的世界盃，全台灣到處都是足球迷，只要有世界盃就有希望。

《足球主義》也讓我有機會嘗試擔任球評的工作，06年世界盃、08年奧運、以及成為博斯足球台固定的足球評述員，都是因為曾經擔任過足球雜誌主編的緣故。

台灣的足球大環境會不會改變？基本上我是樂觀的，運動彩券上市，無疑是改變的契機，但台灣出現有史以來第一個足球頻道，又何嘗沒有幾分期待？2010年南非世界盃，台灣更是史無前例地有兩個電視台同步轉播，這在以前根本是難以想像的事情。足球迷想必都不會忘記，04年歐洲國家盃是如何地失望，直到8強才有電視台願意轉播，06年世界盃也曾經擔心過，08年歐洲國家盃呢？足球迷又一次必須接受期待落空的痛苦。

故事至此暫告一個段落，但我的足球人生還會繼續走下去。如果你問我，在台灣搞足球要怎麼活？這就是了。

足球福利主義？

文：迪比派路

社會不斷進步，勞工密集的行業式微，人均購買力同時上升，實為大勢所趨。1919年，美國人工作長達80分鐘，收入只夠買一打雞蛋；2013年，美國人只需工作5分鐘便夠，香港人最低工資勞動一小時，亦肯定遊刃有餘。地球在轉，足球在變，我們必須重新認識這個世界，放下歷史包袱，包括香港和台灣人，才能找到未來的定位。

英超的商業價值不斷升溫，轉會費和薪水年年破頂，西方球評家都擔心泡沫遲早殺到，像金融海嘯一樣把歐洲主流聯賽殺個片甲不留，但迪比派路認為此說法有點武斷，亦沒法洞悉世情。今年春節，友人前往西亞旅遊時，耳聞目睹大陸客的「超人」購買力，黃金一斤一斤的買回家鄉，房子用現金一次過付清，普通話不只是響遍台北和九龍，還有世界每一個角落，印證大陸客在歐洲掃奶粉，絕非個別現象。

財來自有方，先別說強國的資金來源，只知道為了分散投資，人民幣會用不同形式，不同渠道，投放到安全而穩定的地區或國家；換言之，資產價格，尤其是房地產的供求關係，必因大陸進一步開放市場而重新改寫，逆流而上還是順水推舟，悉隨尊便。同一道理放諸足球市場，大陸富豪收購歐洲名牌球隊，只是時間的問題而已，更何況眼利的球友，早已察覺內地企業悄悄入侵四大聯賽，成為主要贊助商或部份持股。不管是政治上的溫和派抑或足球場的溫和派，不久將來都會「絕種」，極端份子主宰大眾喉舌，屆時，安居樂業的日子將會越來越遠。

簡單而言，就算英超和西甲不幸爆破，火棒亦有大量土豪願意接手，肯定不會重演當年義甲戰國七雄的衰落史，人民幣攻勢蓄勢待發，信不信由你？可悲的是，全球的低知識勞工人口，不會因經濟轉型而大幅減少，福利主義的旗幟肯定成為政客的拉票本錢，香港已經逐漸走向這條道路，但願台灣不會重蹈覆轍。甚麼是足球福利主義？2016年歐國盃資格賽，直布羅陀加入成為第53個參賽者，決賽圈卻擴軍至24

隊，晉級比率接近五成，銳意向小國大送秋波。那麼，何時輪到世界盃再擴軍呢？

足球採訪喜與樂

文：樂比堅尼

在超過十年的記者生涯中，採訪過很多球員，到過很多國家，也認識了很多志同道合的朋友，足球帶給我很多寶貴的東西，教曉我人生道理，擴闊了我的眼界，這是金錢買不到的難得機會，不少人羨慕我的工作。是的，能夠以自己的興趣為職業，夫復何求？

不同地區有不同的足球文化。有人說英國人視足球為生命，義大利視足球為藝術，德國視足球為戰爭，巴西視足球為性愛。最初聽到這說話的時候，不求甚解，後來才漸漸領略這說話背後的含意，正所謂讀萬卷書不如行萬里路，去過愈多地方，才認識世界之大，自己的渺少。一個小小的足球，原來可奏出這麼多動人的樂章。

若要數最難忘的採訪經歷，我會選義大利，那時初出茅廬，不知道採訪一場球賽，原來是有生命危險的！部分激進的球迷，不斷向對方挑釁，而且四處放煙炮，那隆隆的聲響就像戰場一樣，其中一個煙炮恰好就放在我的腳前，我終於明白，為何好好的一場球賽，會有消防車和一大批消防員在球場內戒備。

那時的義大利聯賽，久不久就發生暴力事件，還試過有球迷喪生，我終於見識了足球並非一場球賽這麼簡單，而是隨時要走在生死之間！看見兩隊球迷隔著圍板互相指罵，警察在場如臨大敵，吸引我目光的，是觀眾席上種種既新鮮，又光怪陸離的事，場內的球賽反而提不起我的興趣。

場內鬥得激烈，場外亦爾虞我詐，義大利小偷猖獗，治安一點也不好，連場外賣黃牛也經常出現欺詐手段。見你是遊客，會以偷龍轉鳳的方法換走門票。義大利聯賽近年衰落得這麼快，出現這麼多假球，當地社會風氣要付上很大的責任，畢竟經營不善，欠缺規管，受苦的始終是自己，現在義大利足球正自食其果。

若說到全球最成功的聯賽，相信非英超莫屬，或許英超並非全球最高水平的聯賽，但不得不承認，英超是全球最觸目、吸金力最強的聯賽，這就是因為英國人一絲不苟，以法治行先，才能把聯賽辦得有色有聲。

英超在各個範疇也照顧周到，電視轉播權和版權條例嚴謹，令球會因此受惠，收入水漲船高才可不斷壯大。在英國，滿街也是博彩公司，甚至連球場的VIP房也有專人為你下注，但英國的假球醜聞少之又少，這就是因為規管得力，當權者也很了解球迷的需要，同時懂得用盡一切方法賺錢，這正是營商之道。

說到做生意，美國人也是首屈一指的。無可否認，美職聯近年的推廣及市場策略很成功，他們借鏡了其他運動，把勝利方程式移藉過來。

德國和日本是兩個我很喜愛的國家。當地人的素養很高，待人有禮、守時，處事有效率及有系統，這些優點也能套用在球迷身上，他們看球時投入得來有秩序，比賽時是敵人，比賽後大家可以是好朋友，不會互相挑釁。記得2012年的歐冠盃決賽，拜仁慕尼黑在主場輸掉冠軍，球迷依然可心平氣和，克制地接受現實，冷靜程度實在令我有點驚訝。

這方面日本人與德國人很相似，日本球迷相當有組織，比賽前會在球場外集合開會，商討打氣方法，比賽時打氣很整齊，也很有氣勢，各式各樣的打氣用具甚具特色，旗幟鮮明設計精美。

日本足球近年突飛猛進，全靠聯賽及青訓辦得成功，日本球會也很注重與球迷的互動，經常舉辦球迷活動，球會對球迷也很體貼，操練完畢會安排小型簽名會，加強球迷與球員的溝通，難怪日本球迷相當年輕化，而且女性球迷比率特別高。

如果說到熱愛足球，巴西人認第二，相信沒有人敢認第一。在巴西，隨處也可見到有人踢足球，而且球技之高令人咋舌。除了11人足球外，巴西在五人足球和沙灘足球的領域，都是世界最頂尖水平的國家，巴西被稱之為「足球王國」確實當之無愧。

巴西人很受足球，也看享受人生，所以特別喜歡和別人交流。由於巴西是個民族大熔爐，故絕對沒有種族歧視的存在，巴西人非常友善，即使英語不靈光，也樂於跟你溝通，而在巴西，足球就是最佳的溝通工具，無論任何地方，任何人，只要拿起足球便可踢起球來。

如果你是真正足球迷的話，到巴西走一趟必定不枉此行，因為只有在巴西，你才能感受到足球最原始的魅力，當地人踢球時掛著的笑臉，筆者至今仍難以遺忘，那是最純真、沒有受過污染的笑靨。

用世界盃記錄的奇幻足球人生

文：鄭先萌

我自認人生因足球而多采多姿，或許沒有多金多富，但倒也有聲有色。愛足球，讓我看過奇妙的美好風景，我的人生、因足球更開闊。

1986年起的人生，就是四年一座里程碑。從上帝之手開始，90年德國無敵奪冠，94年巴吉歐踢飛點球。期間，除了中華女足、J聯盟、日本隊杜哈悲劇外，鮮有足球妝點日常，但四年一次的盛宴，總讓我狂熱不已。

98年世界盃前夕，是足球生涯的意外起點。那天，我有意無意的穿著棒球釘鞋去中興大學田徑場，「學弟，你上場吧!」，彷佛老天催促著我。第一次踢足球賽，我不會盤控，但知道如何跑位、清球、製造越位陷阱，我只想像自己是電視上的馬泰斯，盡情揮灑幻想。比賽結束後，隊長拿著髒球衣交給我，「踢得不錯喔，系隊交給你了」，我愣愣地迎來足球真正注入生命的那刻。

2000年的某天，我上了「好動網」，看到有人徵求快樂踢球夥伴，不會踢也歡迎，雖然遠在台北政大，我還是北上加入。那支足球隊名喚「MAFC」，我在那兒擁有最美好的足球回憶。我曾披MAFC戰袍，踢進中場線世界波。我與許多台灣罕見、志同道合的朋友相識，有人鍾情於紅魔、槍手，有人愛皇馬、巴薩，也有人與我一樣欣賞拜仁，來自四方、卻同樣愛足球。

我02年世界盃時有幸身處日本，親身經歷足球嘉年華。當愛隊德國要與巴西爭冠時，我按捺不住內心激動。身處決賽所在的橫濱，我心想：「此生再也無此良機，如此接近世界盃決賽」，於是，我拿著十萬日幣，坐電車到橫濱國際綜合競技場碰運氣。球場外，興奮氣氛早已蔓延，球迷身披球衣吶喊，還有森巴女郎曼妙起舞。這是我從未見過、夢寐以求的足響盛宴。我親眼看見，外星人羅納度攻破卡恩把守的大門，以及卡富高舉大力神杯。身為足球迷，此刻夫復何求。

日韓世界盃後，名聞遐邇的足球主義問世，我有幸受邀擔任特約作者，踏出足球媒體人的一步。

足球主義並不長壽，但卻是台灣足球媒體人的搖籃。06年德國世界盃，黃天佑成為年代球評。德國對瑞典的淘汰賽時，天佑在電視旁對我說：「芒果，你能唸出場上球員的名字嗎？」，我心底只想：「我會有上去的一天？」。或許命中注定，07年的某天，天佑來電：「芒果，要來播德甲嗎？」。自此，我又因足球、展開另一段奇幻旅程。

2010年南非世界盃，我當上

了球評，這在世界足壇上可能絕無僅有。2012年，我有幸進入ESPN，接下偶像詹俊棒子播英超，當然心底戰戰兢兢。這是夢一般的旅程，從博斯、ESPN到福斯，我認識許多好友（李弘斌、傑拉德等）和景仰對象（林煒珽、陳亞理等），我無法言喻對這份幸運的感動，只能說：感謝足球大神，給了我多彩人生。

2014年，又是個世界盃年。各位朋友們，歡迎跟隨熱潮、加入瘋足球的行列。足球不僅是運動，它是無國界的世界語言。透過足球，您可以接觸到各地的語言、歷史、文化，結交許多好友、創造更豐富多姿的生活。用世界盃的鑰匙，打開通往足球伊甸園的大門。一起愛足球，保證您不會後悔！

當足球遇上女人，你會否變得很性感？

文：陳銳誠

足球這項雄赳赳的運動，踢得出色可以迷倒萬千少女，講得風趣也能換取紅顏一笑，還有各種各樣的手法讓你從透過足球由波牛變成迷人男士，經筆者及朋友多年的親身驗證後，得出以下十大要點：

一、鍛鍊出精湛球技，能用精彩入球獻給你的某某；

二、做不了前鋒，至少當個健碩中場，用發達肌肉撞開對手，同時爭取遠射機會；

三、別當門將和後衛，避免遇上強敵時為對家前鋒作嫁衣裳；

四、研究一個很帥的入球慶祝動作，前提當然是你能取得入球；

五、時刻注意你上陣時的髮型，確保其遇到汗水和陣風後都不會變成麻吉或宅男；

六、無論是穿隊衣比賽還是街頭比賽，請穿好球衣、球褲、襪子和球靴的配搭；

七、請養成在練習和賽後來

個熱血陽光自拍，並立即放上社交網站的良好習慣，附加Lomo或美圖秀秀等效果更佳；

八、受傷時表情加倍痛苦，但仍然浴血奮戰，而其實很可能只是皮外傷而已；

九、緊貼球員場外新聞，能生動有趣地覆述和解釋何謂越位；

十、如果你有一副俊俏臉孔，達到「貝克漢射十二碼最出色」之境界，將上述九項忘掉即可（不明白請自行上網搜尋「碧咸（最叻射十二碼）」。（碧咸是貝克漢的香港譯名）

只要能夠做齊上述十點，你就符合了用足球在女性面前顯得更性感的基本條件，把妹成功率激增。但前提是，那位女生至少對足球有那麼一點點的興趣。

如果是對足球毫無興趣的女生，情況又會變成怎樣？追不到手還好，若然做了你的女友，甚或走到結婚一步，你將從此陷入無間地獄，以下為十個真人例子（她=老婆或女友）：

一、星期六休假，想在家中看英超早場大戰；她：和我去看電影！足球比我更重要嗎？

二、下班後約了朋友踢球小聚；她：每晚都說踢球，休假又要看球，你和足球約會吧！

三、深夜歐冠大戰，想邀請三五知己到家共賞；她：半夜三更吵吵鬧鬧，明天不用上班嗎？計劃泡湯。

四、又是深夜歐冠大戰，想與球友們外出看球；她：半夜三更也不留在家，明天不用上班嗎？還是要出去鬼混？計劃再次泡湯。

五、逛街看球衣，正想淘錢買；她及時出現制止：兩千多塊一件，別浪費錢！半小時後，她：這手鏈漂亮嗎？你：四千多塊一條，有點貴。她：現在特價機會難得，不貴！

六、吵大架後離家冷靜片刻，回來時發現球衣珍藏櫃空空如也，一問之下，她：都剪破了，丟在垃圾房，誰叫你惹怒我！飛奔出去，核實後發現無誤。

七、你：我終於開始寫第一個足球專欄了，看！她：哦。（一動不動，繼續玩電話訊息）

八、難得一天，下班踢球，之後麻吉快樂飯局。晚上12時左右抵家，但見淚眼的她：你死到哪去了？我在家等你好久！

九、終於球賽直播服務被逼取消，也不許上網觀看，掙扎著從窗外望向鄰居家中的電視，感覺自己是個天才，卻還是被她發現：怎樣？怪我不讓你看球嗎？你：這也不行嗎？

十、所有衣服都放洗衣機了，唯有那堆氣味濃烈的球衣，問：妳忘了這個嗎？答：我不想弄臭我的衣服，你手洗吧！別用洗衣機，只洗幾件浪費水。

足球遇上女人，你會否變得更性感？那真是要看對手了。足球能夠讓你與伴侶增進感情，也可變成女伴控制慾的發洩之處。

但最令人欣慰的地方是，無論如何，足球都有能令你會心微笑的時候（可不是嗎？）。

從足球體會忠義

文：巴迪斯圖達

「忠心」這兩個字，從少就在教本中學到，也是所有人都很容易明白的詞語。可是直到二十一世紀的今天，員工不會為一所企業打一生的工，政客只會因為利益才走在一起，人民不會再對掌權者有忠心，忠心就好像只能在歷史書上才看到的名詞。

直到在1990年代初，從零碎的足球片段中，看到身穿紫色球衣，奔跑時一襲金色長髮飄逸的他，甘願在球隊淪落和失意之時，仍然願意和球隊共患難，才明白為何「忠心」這美德，會讓人如斯感動。這個他，這是曾經效力義大利球隊佛倫提那（Fiorentina）的鋒將，巴蒂斯圖塔（Gabriel Batistuta）。

在1980年代的香港，還沒有

太多的足球轉播。所以有機會在半夜欣賞4年一度的世界盃，對大部分男生來說是天大的喜訊。生於1980年代初的我，首次有印象的世界盃，就是1990年由義大利主辦的那屆世界盃。事後不少人對那屆世界盃的沉悶戰況有微言，對我而言這始終是世界盃，而且義大利聯賽當年是世界第一聯賽，令我從少對義大利足球有莫名的好感。

直到數年後，巴蒂斯圖塔為阿根廷佛倫提那建功立業，而且在佛倫提那在1993年從義甲降落義乙時選擇留效。就是這一份忠心，讓我開始對巴蒂著迷，亦讓我對足球更熱愛。

可惜英雄總是帶一點落魄和滄桑，才突顯他的魅力。佛倫提那一直都跟聯賽冠軍無緣，球隊的財政愈來愈差。結果巴蒂為圓冠軍夢，也為了減輕球隊的負擔，終於忍痛離開佛羅倫斯。

改披羅馬戰衣後，巴蒂終於在2001年一圓聯賽冠軍夢。那個賽季的巴蒂，有兩個令人動容的片段。巴蒂首次以敵人身分，倒戈面對佛倫提那，他在那場賽事打進唯一進球。進球後的一剎那，他卻是擦掉雙眼溢出的眼淚。在聯賽最後一場比賽，羅馬擊敗帕爾馬後奪得冠軍。站在場上的巴蒂終於得償所願，完場後立即喜極而泣。端在電視機前的我，就是那個很少會流淚的我，看到這兩個場面也不禁雙眼通紅。

只是再鋒利的刀，總有生出鐵鏽的一天。當巴蒂以33歲之齡征戰第3次世界盃時，廉頗老矣的他，希望藉最後的餘力為國家隊贏得世界盃，結果阿根廷卻造出近年的最差成績。當確實出局的一刻，鐵漢巴蒂只能在場邊無助的跪下掩面痛哭。這一刻，我真的心碎了。及後每次重看這畫面，都有揪心的感覺。

或許不少人會說，這只是一個萬里之外的足球人物，犯不著這樣吧。可是這正正就是足球的魅力，從22個人在場內的互動，以後場外的教練團調兵遣將，所有東西都是鬥智鬥力。而當看見一個從少伴隨自己成長的英雄人物，面對著起落得失時，就像是一起經歷過一樣。

就是因為喜歡足球，喜歡巴蒂，所以縱然巴蒂已經退役多時，跟巴蒂一起等待阿根廷再度奪得世界盃，就是每次等待阿根廷復興的動力。縱然佛倫提那已經截然不同，紫百合仍然是我的愛隊。雖然義大利聯賽早已經被假球和經濟危機波及，導致球星四散，人才凋零，比賽場面也愈來愈不好看，還不斷被人揶揄為「義假」。只是情意結早種心裡，猶如一個不成器的孩子，總是不捨得拋棄一樣。「情義」這兩個字，大約就是這意思吧。

作者群介紹

傑拉德（本名：霍志明）

1968年出生於香港
◎台灣足球雜誌《足球王者》主編
◎台灣《真晨報》運彩版主編
◎中華足球協會媒體顧問
◎台灣《Yahoo奇摩》足球專欄
◎台灣《MSN新聞》足球專欄
◎台灣《BANG》雜誌足球專欄
◎台灣MOD《博斯足球台》－特約球評
◎台灣《年代新聞台》－世界盃特約球評
◎台灣傑拉德親子足球王國負責人（已結業）
◎香港《Goal.com》足球專欄
◎香港《Soccerway》足球雜誌專欄
「傑拉德知足常樂」粉絲專頁：
（http：//www.facebook.com/twsoccertw）

何長發

1956年生於台中，1979年底進入民生報主攻足球專業記者，2004年接任TVBS歐洲國家盃和美洲國家盃主播兼球評，現在樂當自由的足球評論作家。1982年世界盃足球賽便恭逢大賽，連續八屆世足賽寫説情緣，堅信最終將寫下歷史紀錄。

蘭帕德（本名：鍾學良）

足球資歷20多年，唸大學時是足球隊成員。1986年世界盃起迷上足球，熱愛英格蘭足球聯賽及歐洲盃賽。

出身於香港TVB，2005年參與傑拉德台灣足球計劃。先合作投資賺取資本，隨後傑拉德赴台，蘭帕德統籌香港團隊工作及投資。2009年開辦FCI投資培訓中心，教授股票及房地產投資技巧，分享過去七年如何由負債百萬，到持有近十間房子，學員逾千人。曾接受TVB新聞透視、財經透視、NOW財經台、經濟日報等訪問。Yahoo奇摩、足球王者等足球專欄。

李凱倫

踏上觔斗雲遊歷港臺足球傳媒圈，金睛火眼看盡全球足球網。大陸足球太黑，香港足球太爛，唯獨台灣的足球天地還是張白紙。88年愛上足球，初期獨愛利物浦，90年代初看義大利足球，明白看足球心要夠花，對所有球隊都要了解。後來投身足球傳媒界，發現球隊、球員背後的故事比球賽更精彩。

李弘斌

現任

◎中國時報體育組副主任

◎博斯足球台特約球評

曾任

◎麗台運動報記者

◎2006、2010、2014年世足賽球評

◎2008年北京奧運球評

◎News 98全民運動王節目共同主持人

◎中華足協新聞聯絡人

桑田（本名：劉俊宏）

多年來始終對於足球運動抱持著濃厚的興趣，現長居上海，更多接觸中國足球，並且也積累了豐富的足球及博彩專業知識，目前在國內知名專業網站從事足彩分析，也與傑拉德一同在主流報紙上開設足彩推薦，深受球迷與彩迷喜愛。

黃天佑

◎大成體育報編譯

◎好動網主編

◎Soccer足球網主編

◎2002世界盃紀念特刊主編

◎足球主義雜誌主編

◎麗台運動網體育記者

◎運動人雜誌主編

◎真晨報運彩專欄分析師

◎Yahoo足球專欄作家

◎世界盃年代球評

◎MOD博斯足球台特約球評

◎ESPN/Fox足球特約球評

◎足球王者專欄

翁鼎鈞

台灣宜蘭縣宜蘭市人，現居台中市，台北市陽明大學理學博士畢業，從事足球裁判及足球教學工作多年，曾擔任2011年FIFA FUTSAL國際裁判，現為中華足協A級裁判，在大專、高中足球聯賽及各地區基層足球聯賽等，擔任裁判工作多年（Since 1996~）。在平日工作與周末足球推廣之餘也擔任[足球家族]臉書（Facebook）粉絲頁管理員，負責內容為介紹各國足球的基層到頂級聯賽的發展演進，提供台灣足球發展作為借鏡。

鄭先萌

◎足球主義特約作者
◎博斯足球台德甲、英超特約球評
◎愛爾達2008年北京奧運足球特約球評
◎年代電視2010年、2014年世界盃特約球評
◎緯來電視網2010年廣州亞運足球特約球評
◎ESPN台灣、FOX體育台西甲特約球評
◎NowNews今日新聞網世界盃分析
◎足球王者專欄

謝凱邦

1986年第一次接觸世界盃足球賽，當下即被馬拉多納的連過7人所震撼，爾後成為拉丁派足球忠誠的信徒。熱愛阿根廷激情的進攻及義大利的密實防守。球場上司職中後衛與守門員，目前於足球執教、賽事採訪及專欄寫作均有涉獵。對台灣足球的期望，不求多少年能打進32強，只希望足球場能越來越多。
◎台灣《足球王者》專欄

樂比堅尼

曾任香港東方日報體育版高級記者，採訪過英超、世界俱樂部盃、洲際國家盃、美洲金盃及亞冠等大賽，足跡踏遍六大洲，專責英超評論，愛研究亞洲各國足球發展。

◎台灣《足球王者》專欄

◎台灣《真晨報》足彩專欄

◎台灣《足球王者》專欄

林健勳

◎亞洲足協B級教練

現職香港甲級球隊「南區」教練、拔萃男書院附屬小學教練、南區U12教練及南華足球興趣班教練。

2012年帶領灣仔南華U10組別取得全港五人賽及八人賽冠軍。

曾入選香港U16組別青年軍、甲組球隊星島及快譯通青年軍，後參與教練工作而放棄當職業球員的機會。

◎台灣《足球王者》足球教室專欄

Eddie

本名林志威，自2004年於香港有線電視擔任主持至今，期間主持多個足球節目，包括「球彩64吧」、「智勝預測」、「球盤龍門陣」等等，並曾參與「2010世界盃」嘉年華演出。

自2000年起編寫足球資料庫，網羅全球超過100個不同級別聯賽及盃賽的資料。

曾任多份報章刊物總編輯及主筆，包括「立博體育快訊」、「文匯報足彩版」……，曾出版「績王贏波全攻略1」詳述有關足球博彩基本功，並導球迷如何分析足球賽績及賠率。

巴迪斯圖達

看球及踢球經驗逾二十年，除主流的世界盃及歐洲四大聯賽外，亦涉獵其他歐美亞澳等地區球賽，並為香港媒體撰寫球評及專題文章多年。足球不僅是消閒活動及博彩工具外，更能體現人生的甜酸苦辣，亦是這項有趣的運動全球盛行的原因。筆者希望分享愚見，讓更多台灣朋友體驗足球之美，讓她獲得與棒球及籃球等主流運動一樣的關注。

◎台灣《Yahoo》足球專欄
◎台灣《聯合晚報》足彩專欄
◎台灣《真晨報》足彩專欄
◎台灣《足球王者》專欄

陳銳誠（Shing Chan）

國際足球新聞網Goal.com香港站總編輯，80後足球迷，嚴重本地波癖好，熟知香港足球史；苦練多年席丹轉身卻成為寫字佬，經無數翻譯及採訪洗禮；夢想加盟阿森納……球迷會，最終成功完夢；某晚堅持看愛隊硬撼熱刺缺席女友生日會，慘遭狠批繼而分手。

寫得一手醜字而慶幸如今乃電腦打字時代，曾為英超官方網站撰寫球員專訪、於香港人氣足球雜誌《Keymansoho》連載時空足球小說及《都市日報》撰寫足球專欄；性格內向無奈口水極多，遊走網上電台，曾任《香港人網》和《HKBC》足球節目主持。

現於《Soccerwave》、《足球王者》等平面媒體連載足球專欄；《MFD新城數碼財經台》足球節目及《Our TV》電影節目主持。

野火

◎足球家族創辦人
◎球齡超過20年之資深球迷
◎裝置與劇場藝術工作者

石明謹

◎NEWS 98電台「周末體育報」
◎中央廣播電台「台北動起來 」
◎台灣電視公司 「2004雅典奧運足球賽」
◎愛爾達體育台特約足球球評
◎2002年世界盃紀念特刊主筆
◎足球主義雜誌創辦人
◎少年足球百科中文版審定
◎FIFA2010 WORLD CUP官方手冊中文版審定
◎2008年歐洲國家盃台灣運動彩券特約專欄作家
◎NOWNEWS特約專欄作家
◎MAFC足球俱樂部創辦人
◎中央警察大學足球隊教練
◎台北水晶足球聯賽贊助人

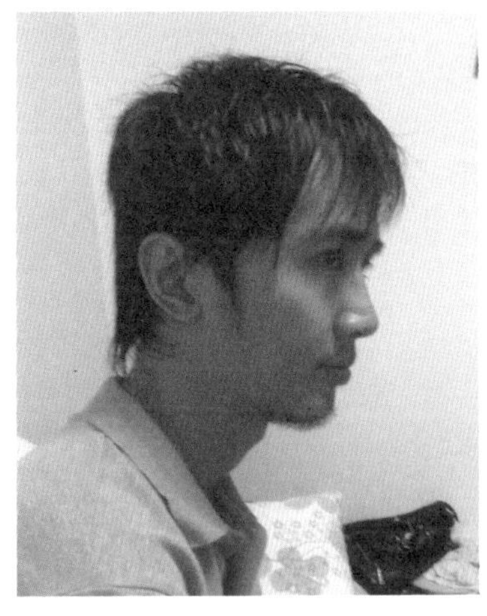

迪比派路

初中立志投身足球行業，並到過英國和義大利看球賽，體會到看球最緊要享受。輾轉任職香港蘋果日報，期間因工作到老特拉福德看球，訪問魯尼歷歷在目；看問題和別人一樣，看報紙就好了。球場如戰場，足球如人生，看球看人生，慢慢細味，別有一番味道。獨食難肥，望與中、港、台球友分享球賽分析心得。

由美職看到西甲，通宵不眠，看球如美女，無論進攻或防守，懂得欣賞，自然樂趣少不了。

◎香港《蘋果日報》波經版
◎《香港賽馬會》足球特刊
◎台灣《Yahoo》足球專欄
◎台灣《聯合晚報》足彩專欄
◎台灣《真晨報》足彩專欄
◎台灣《足球王者》專欄
◎台灣《MSN新聞》足球專欄

國家圖書館出版品預行編目資料

一本就懂世界足球【修訂新版】/ 傑拉德等合著.
—— 二版. ——臺中市 ：好讀, 2014.06
面： 公分，——（一本就懂 ；04）

ISBN 978－986－178－321－5（平裝）
1.足球
528.951 103006774

好讀出版

一本就懂 04

一本就懂世界足球【修訂新版】

作　　者／傑拉德等合著
總 編 輯／鄧茵茵
文字編輯／莊銘桓
內頁設計／鄭年亨
發 行 所／好讀出版有限公司
台中市407西屯區何厝里19鄰大有街13號
TEL：04-23157795　FAX：04-23144188
http：//howdo.morningstar.com.tw
（如對本書編輯或內容有意見，請來電或上網告訴我們）
法律顧問／甘龍強律師

戶名：知己圖書股份有限公司
劃撥專線：15060393
服務專線：04-23595819 轉230
傳眞專線：04-23597123
e-mail：service@morningstar.com.tw
如需詳細出版書目、訂書、歡迎洽詢
晨星網路書店 http://www.morningstar.com.tw

印刷／上好印刷股份有限公司 TEL：04-23150280
二版／西元2014年6月1日
定價：339元
如有破損或裝訂錯誤，請寄回台中市407 工業區30 路1 號更換（好讀倉儲部收）

Published by How-Do Publishing Co., Ltd.
2014 Printed in Taiwan
All rights reserved.
ISBN 978-986-178-321-5

讀 者 回 函

只要寄回本回函，就能不定時收到晨星出版集團最新電子報及相關優惠活動訊息，並有機會參加抽獎，獲得贈書。因此有電子信箱的讀者，千萬別吝於寫上你的信箱地址

書名：一本就懂世界足球【修訂新版】

姓名：＿＿＿＿＿＿性別：□男 □女　生日：＿＿＿年＿＿＿月＿＿＿日

教育程度：＿＿＿＿＿＿＿＿＿＿＿＿＿＿＿

職業：□學生　□教師　□一般職員　□企業主管

□家庭主婦　□自由業　□醫護　□軍警　□其他＿＿＿＿＿＿＿＿＿＿

電子郵件信箱（e－mail）：＿＿＿＿＿＿＿＿＿＿＿＿　電話：＿＿＿＿＿＿＿

聯絡地址：□□□＿＿＿＿＿＿＿＿＿＿＿＿＿＿＿＿＿＿＿＿＿

你怎麼發現這本書的？

□書店　□網路書店（哪一個？）＿＿＿＿＿＿＿□朋友推薦　□學校選書

□報章雜誌報導　□其他＿＿＿＿＿＿＿＿＿＿＿＿＿＿＿＿＿＿＿

買這本書的原因是：＿＿＿＿＿＿＿＿＿＿＿＿＿＿＿＿＿＿＿＿＿

□內容題材深得我心　□價格便宜　□ 面與內頁設計很優　□其他＿＿＿＿＿＿

你對這本書還有其他意見嗎？請通通告訴我們：

＿＿＿＿＿＿＿＿＿＿＿＿＿＿＿＿＿＿＿＿＿＿＿＿＿＿＿＿＿＿＿

你買過幾本好讀的書？（不包括現在這一本）

□沒買過　□1～5本　□6～10本　□11～20本　□太多了

你希望能如何得到更多好讀的出版訊息？

□常寄電子報　□網站常常更新　□常在報章雜誌上看到好讀新書消息

□我有更棒的想法＿＿＿＿＿＿＿＿＿＿＿＿＿＿＿＿＿＿＿＿＿＿

最後請推薦五個閱讀同好的姓名與E－mail，讓他們也能收到好讀的近期書訊：

1.＿＿＿＿＿＿＿＿＿＿＿＿＿＿＿＿＿＿＿＿＿＿＿＿＿＿＿＿＿

2.＿＿＿＿＿＿＿＿＿＿＿＿＿＿＿＿＿＿＿＿＿＿＿＿＿＿＿＿＿

3.＿＿＿＿＿＿＿＿＿＿＿＿＿＿＿＿＿＿＿＿＿＿＿＿＿＿＿＿＿

4.＿＿＿＿＿＿＿＿＿＿＿＿＿＿＿＿＿＿＿＿＿＿＿＿＿＿＿＿＿

5.＿＿＿＿＿＿＿＿＿＿＿＿＿＿＿＿＿＿＿＿＿＿＿＿＿＿＿＿＿

我們確實接收到你對好讀的心意了，再次感謝你抽空填寫這份回函

請有空時上網或來信與我們交換意見，好讀出版有限公司編輯部同仁感謝你！

好讀的部落格：http：//howdo.morningstar.com.tw/

請填妥後對折黏貼，直接投郵即可，無須貼郵票。

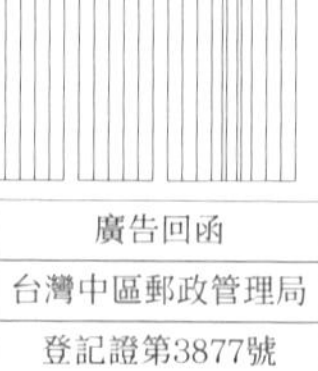

廣告回函
台灣中區郵政管理局
登記證第3877號
免貼郵票

好讀出版有限公司　編輯部收

407 台中市西屯區何厝里大有街13號

電話：04－23157795－6　傳真：04－23144188

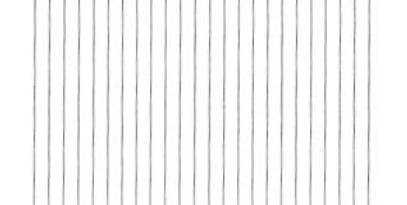

沿虛線對折

購買好讀出版書籍的方法：

一、先請你上晨星網路書店http：//www.morningstar.com.tw檢索書目或直接在網上購買

二、以郵政劃撥購書：帳號15060393　戶名：知己圖書股份有限公司並在通信欄中註明你想買的書名與數量

三、大量訂購者可直接以客服專線洽詢，有專人為您服務：客服專線：04－23595819轉230　傳真：04－23597123

四、客服信箱：service@morningstar.com.tw